COURS COMPLET

D'ARITHMÉTIQUE

A L'USAGE

DE TOUS LES ÉTABLISSEMENTS D'INSTRUCTION PUBLIQUE

PAR

M. J. BERTHON

Ancien professeur d'École normale, Officier de l'Instruction publique
Inspecteur primaire à Paris

AVEC UNE PRÉFACE DE

M. C. ROUZÉ

Agrégé de l'Université, Officier de l'Instruction publique
Inspecteur de l'enseignement primaire à Paris.

COURS ÉLÉMENTAIRE

accompagné de très nombreux exercices.

LIVRE DU MAITRE

Avec la solution des problèmes et des directions pédagogiques.

LE COURS D'ARITHMÉTIQUE DE M. J. BERTHON
est adopté pour les écoles de la Ville de Paris.

A. G.

PARIS

LIBRAIRIE Alp. GODCHAUX

Ancienne Maison Aug. Godchaux et Cie

10, RUE DE LA DOUANE, 10

1886

POUR PARAITRE INCESSAMMENT

Arithmétique, cours moyen. . . . .

Le même, *livre du maître*. . . . .

† Méthode de Lecture et d'Écriture simultanées, par M. Berthon, avec une préface de M. Rouzé. .

PRÉFACE

Le livre que j'ai l'honneur de présenter aux Maîtres et aux Élèves de l'enseignement public est, comme on s'en apercevra à la première lecture, le fruit d'une longue expérience.

M. Berthon y a gradué les difficultés avec une méthode qu'on ne peut acquérir qu'en se trouvant tous les jours et pendant de longues années, aux prises avec les difficultés de la pratique : difficultés qui deviennent particulièrement ardues quand il faut initier de jeunes enfants aux abstractions des mathématiques.

M. Berthon a fait tout ce qui est possible, à mon avis, pour rendre cet apprentissage aussi attrayant que facile aux enfants de nos écoles. Grâce aux procédés dont il se sert, la numération n'est plus qu'un jeu, et l'on sait quelle est l'importance de cette première étude.

Profondément convaincu d'ailleurs que « *tout est gâté en mathématiques quand la mémoire se substitue au raisonnement* », il habitue ici les enfants à se rendre compte *de tout ce qu'ils font*, divisant les difficultés autant qu'il est possible afin de ne jamais rebuter l'élève; les graduant avec une prudence consommée, et multipliant les exercices sous toutes les formes, afin de fournir sans cesse aux écoliers l'occasion d'appliquer les principes élémentaires qu'il leur enseigne, ou plutôt qu'il *leur fait découvrir*, à l'aide des exemples et des raisonnements les plus accessibles à leur esprit.

Pour donner à cet opuscule un attrait de plus, M. Godchaux, dont la réputation est faite depuis longtemps, l'a imprimé avec tout le soin que réclament les ouvrages qui sont destinés à l'enfance.

C'est donc un bon et beau petit livre que je présente ici, et je ne doute point que tous les avantages qui s'y trouvent réunis, ne soient hautement appréciés des Maîtres et des Élèves auxquels il est destiné.

C. ROUZÉ.

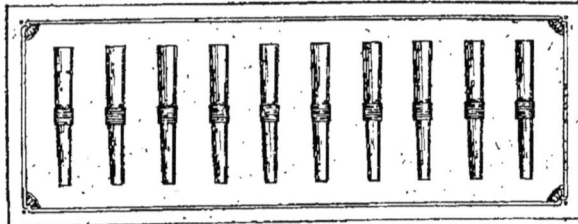

CARTON NUMÉRATEUR

1. Les cartons numérateurs que nous recommandons pour rendre sensible à des commençants le mécanisme de la numération, consistent en feuilles de carton blanc sur lesquelles on fixe des bûchettes très facilement, à mesure que l'on parle, au moyen de dix boucles. Les bûchettes, peintes en noir, ressortent très bien sur un fond blanc, et peuvent être vues de loin, à la fois, par tous les élèves d'une division.

Les cartons numérateurs ont, sur le boulier compteur, l'avantage de coûter peu et de pouvoir être mis directement entre les mains des élèves.

EXPLICATION DE QUELQUES TERMES

1. **Arithmétique.** — Ce mot, comme beaucoup de ceux qui se terminent en *igue*, vient du grec; il est formé d'un verbe qui signifie *compter*, *former des nombres*.

L'arithmétique est donc la science qui apprend à *compter*, à *calculer*.

2. **Calcul** vient du latin, et signifie *petit caillou*. En effet, on se servit d'abord de petits cailloux pour compter et calculer.

3. **Chiffre.** — Ce mot nous vient des Arabes, qui nous ont transmis les dix *caractères* à l'aide desquels on écrit tous les nombres. Les Romains se servaient, non pas de chiffres, mais des lettres de leur alphabet.

Ainsi, chez eux, V vaut *cinq*. Si vous mettez I devant V, vous le diminuez d'*une unité* : IV ne vaut plus que quatre. Si vous mettez cet I après le V, vous l'augmentez d'une unité. VI vaut *six*.

De même X vaut *dix*; mais IX vaut *neuf* et XI, XII, valent *onze*, *douze*.

Quand on se sert de ces lettres, pour compter, les calculs sont bien malaisés à faire, et les *petits cailloux* sont bien préférables. Mais les *dix chiffres*, 1, 2, 3, 4, 5, 6, 7, 8, 9, 0, à l'aide desquels on écrit *très facilement tous les nombres*, quels qu'ils soient, sont plus commodes encore.

4. **Numération.** — Ce mot, qui vient du latin, signifie *art de former les nombres, de les écrire*. Il y a donc deux sortes de numération : la numération *parlée* ou *orale*, et la numération *écrite*.

Les *noms* des nombres sont tirés du latin : *un*, *deux*, *trois*, *quatre*,...

5. **Zéro.** — Ce mot est tiré du nom arabe qui signifie *chiffre*, tel qu'il nous a été transmis par les Italiens. C'est un chiffre merveilleux et vous verrez bientôt de quel secours il est pour le calculateur.

On dit ordinairement d'un homme qui n'est bon à rien, que c'est un *zéro*. Effectivement, le zéro *n'a aucune valeur par lui-même*. Mais comme il sait bien faire valoir les autres ! Mettez-le à droite de 1, cet 1 vaut tout de suite *dix fois* davantage (10) ! Mettez deux zéros à droite de 1, et cet 1 vaut *cent fois* plus (100) qu'auparavant. Donc, si *zéro* ne vaut rien quand il est seul, il ajoute singulièrement à la valeur des autres chiffres. Vous verrez ainsi qu'il tient parfaitement la place des absents.

6. **Addition, soustraction, multiplication, division.** — La terminaison *ion*, que vous trouvez dans les quatre mots ci-dessus, comme dans *numération*, équivaut à l'action de. . . . .

1° *Additionner* veut dire *mettre à côté les uns des autres* deux ou plusieurs nombres pour savoir combien ils font ensemble, pour en connaître le *total* ou la *somme*, c'est-à-dire le nombre le *plus élevé* (comparez sommet).

2° *Soustraire*, c'est *traire* ou tirer en dessous, ou ôter, ou retrancher un plus petit nombre d'un plus grand.

3° *Multiplier*, c'est rendre plusieurs fois plus nombreux (comparez multitude).

4° *Diviser*, c'est partager une quantité quelconque en *parties égales*.

7. **Total** est un mot qui désigne le *tout*. Vous mettez, par exemple, à plusieurs reprises des sous dans une bourse. *Tout* ce qu'elle contient de sous forme le *total*.

8. **Résultat**, comme son nom l'indique, est ce qui *résulte* d'une opération quelconque, soit que vous ajoutiez, soit que vous retranchiez..., etc.

9. **Ande, ende.** — Cette terminaison, que nous trouverons plus tard dans *multiplicande*, *dividende*, signifie : qui doit être...

Ex.: *multiplicande*, qui doit être multiplié; *dividende*, qui doit être divisé.

10. **Eur.** — Cette terminaison désigne celui qui *fait*, qui *produit* une chose : Ex. : *diviseur*, celui qui divise; *multiplicateur*, celui qui multiplie; *facteur*, celui qui fait, qui produit.

On appelle donc *facteurs* le multiplicande et le multiplicateur, parce qu'ils *forment ensemble* le produit de la multiplication.

11. **Quotient** vient du latin, et signifie : *combien de fois étant*. Je cherche, par exemple, combien de fois *deux* est contenu dans *six*, et je trouve que *ce combien de fois est trois*. Trois est donc le quotient.

12. **Système** est formé de deux mots grecs qui signifient *ce qui se tient ensemble*, et désigne par conséquent un ensemble dont toutes les parties sont étroitement unies.

Considérons, par exemple, le *système métrique* : c'est une réunion de mesures qui se rattachent toutes les unes aux autres. Sur quoi reposent toutes ces mesures ? sur le *mètre*, c'est-à-dire la *mesure par excellence*. Ainsi le *gramme* est le poids d'un *centimètre* cube d'eau distillée ; et le *franc* est le poids en argent de cinq grammes. Toutes les mesures reposent donc sur le *mètre*, la mesure principale.

13. **Deca** vient d'un mot grec qui veut dire *dix* (pour *hecato*), signifie *cent* ; kilo (pour *chilio*) signifie *mille* ; **myria** signifie *dix mille*. Ces mots, placés devant un nom de mesure, comme *mètre*, signifient *dix fois*, *cent fois*, *mille fois*, *dix mille fois* égal au mètre. C'est ainsi qu'on a formé les *multiples*, c'est-à-dire des quantités où une mesure se trouve multipliée par dix, par cent, par mille, par dix mille.

14. Si le grec grossit les mesures, le latin les diminue. Exemples : *deci*, *centi*, *milli*, placés devant un nom de mesure, n'eu désignent plus que la *dixième*, la *centième*, la *millième* partie. Ainsi, un *décigramme* n'est plus que la dixième partie du gramme; un *centilitre* n'est plus que la centième partie du litre..., etc.

15. **Problème** est formé de deux mots qui signifient *question proposée*, et à laquelle on doit répondre.

16. **Solution** signifie action de *dénouer* une chose embarrassée, comme un écheveau de fil embrouillé. On y arrive, en arithmétique, à l'aide d'un *raisonnement*. Car, raisonner tout ce que l'on fait, ne jamais s'en remettre au hasard ni à la précipitation, est très utile partout, mais *absolument indispensable* quand on étudie les mathématiques.

DIRECTIONS PÉDAGOGIQUES

OBSERVATIONS GÉNÉRALES

Les élèves du cours *élémentaire* ne sont pas capables de prêter une longue attention s'ils n'ont pas un rôle actif : *il faut les faire parler souvent*. Mais, d'un autre côté, il faut éviter que la leçon ne dégénère en dialogue. Si le maître fait un trop grand nombre de questions, la vérité qu'il veut enseigner ne se dégage pas clairement de cette interrogation verbeuse; la leçon est animée, mais elle ne laisse rien dans l'esprit des élèves.

Pour faire une leçon à la fois *vivante* et *efficace*, il faut savoir allier le procédé *d'exposition* à celui *d'interrogation*.

Le plus souvent, nous amenons les élèves à découvrir eux-mêmes, au moyen d'un exemple raisonné, et quelquefois d'une gravure, la définition, le principe ou la règle que nous voulons leur enseigner. Le maître commence lui-même le raisonnement de l'exemple choisi ; par un exposé clair et très court, il met en évidence la vérité qui forme l'objet de la leçon, et, immédiatement après, il adresse une ou deux questions qui permettent aux élèves de formuler eux-mêmes la partie essentielle de cette vérité.

De cette manière, les élèves se figurent l'avoir trouvée *eux-mêmes* ; ils éprouvent la satisfaction de la *découverte*. En réalité, le maître a fait faire à leur esprit une opération, un travail intellectuel, qui leur a donné la *notion* de la vérité qu'il voulait leur enseigner. Il s'agissait ensuite d'exprimer cette notion encore vague dans leur esprit; ils en ont trouvé la formule en répondant aux questions posées.

Il va sans dire que les réponses des élèves ne sont pas absolument exactes sous le rapport de la forme : ce ne sont que des *à peu près;* mais elles montrent qu'ils ont bien compris ce qu'on voulait leur enseigner, puisqu'ils l'expriment dans leur langage inexpérimenté. C'est là l'essentiel.

Faut-il s'en tenir là ?

Certainement non. Il ne resterait rien de notre leçon si ce que nous venons de faire *trouver* aux élèves ne se gravait pas dans leur mémoire au moyen d'un *texte rigoureusement exact, appris par cœur.*

Pour éviter l'enseignement mécanique, qui consiste à faire apprendre par cœur des formules toutes faites, non expliquées, nous ne devons pas tomber dans le défaut opposé, qui n'admet que l'enseignement oral. L'un, ne s'adressant qu'à la mémoire, n'apprend que des mots mal compris; l'autre, négligeant la mémoire, ne laisse dans l'esprit que des idées vagues et confuses. Ce sont deux exagérations contre lesquelles nous devons prémunir les jeunes maîtres.

Nous résumons notre méthode de la manière suivante :

1° **Faire découvrir** *aux élèves les vérités de l'arithmétique au moyen d'exemples bien choisis, raisonnés par le maître, et de quelques questions qui amènent les enfants à* **formuler eux-mêmes** *l'idée principale de la définition, du principe ou de la règle qu'il s'agit d'enseigner.*

2° *Une fois la vérité comprise,* en **faire apprendre par cœur,** *dans un livre,* la **formule exacte,** *et exiger une récitation absolument littérale.*

Bien plus, dans les paragraphes qui doivent être appris par cœur, *l'idée principale* est presque toujours indiquée par une écriture spéciale, attirant l'attention. On fera bien d'habituer les élèves à accentuer un peu ces mots mis en vedette, de manière que l'idée principale se dessine plus nettement dans leur esprit.

Exemple (p. 40 du livre de l'élève) :

« § **13.** — *RÉSUMÉ des leçons précédentes.* Nous savons :

« 1° que **dix** bûchettes font une **dizaine** de bûchettes;

« 2° Qu'une *dizaine* est une unité du **second ordre,**
« qu'on représente par le chiffre **1** placé au **second rang,**
« à partir de la droite. »

Il faut accentuer les mots **dix** et **une dizaine,** de manière à faire sentir le rapport des idées qu'ils représentent, et à mettre ce rapport en évidence.

Il en sera de même des mots *dizaines,* **second ordre** et **second rang.**

CHAPITRE I

NUMÉRATION

La numération est la partie de l'arithmétique la plus difficile et la plus pénible à enseigner, parce que les élèves auxquels on s'adresse ne savent absolument rien.

Partant de cette fausse idée que les commençants sont incapables de comprendre un raisonnement, dans beaucoup d'écoles on ne leur en fait pas : on leur apprend *mécaniquement* à compter et à écrire les nombres. Cette manière de procéder a le double inconvénient d'être plus longue que si l'on faisait *raisonner* les élèves, et de ne leur donner qu'une connaissance insuffisante de la numération.

Nous n'hésitons pas à dire que c'est à cette méthode défectueuse qu'il faut attribuer les difficultés qu'on éprouve plus tard dans l'enseignement de l'arithmétique.

† Nous avons donné une large place à la numération et nous habituons nos élèves, *dès le début, à se rendre compte de tout ce qu'ils font.*

† Qu'on suive exactement cette méthode, et l'on verra à quels résultats inespérés on arrivera à la fin du cours élémentaire.

Après avoir consacré deux leçons à la première dizaine, l'une pour la numération parlée et l'autre pour la numération écrite, nous enseignons les deux numérations à la fois. Jusqu'à *cent*, chaque dizaine est l'objet d'une leçon. En face de chaque leçon, se trouve une page d'exercices oraux et écrits qu'il importe de faire entièrement.

† Nous recommandons instamment de commencer chaque leçon par le *résumé* des leçons précédentes, comme au § 13. Nous n'avons pas reproduit ces résumés partout, parce qu'ils se ressemblent à peu près; mais nous les avons indiqués jusqu'à la cinquième dizaine.

La formation de chaque dizaine est enseignée au moyen d'un tableau ayant, à gauche, les *noms* des **dix** *nombres* à apprendre ; au milieu, la *représentation matérielle*, par des bûchettes, de ces *dix nombres*, et, à droite, leur *représentation en chiffres*. Il est nécessaire de dessiner ce tableau en grand au tableau noir. Si l'école possède les *cartons numérateurs*, le maître n'aura à écrire que les *dix noms de nombres*, à gauche, et les *dix nombres en chiffres*, à droite ; il placera les *cartons numérateurs au milieu*. Il va sans dire que les cartons numérateurs rendent la leçon plus intelligible que les dessins.

On *forme*, on *énonce* et on *lit* les nombres *un à un*.

Les élèves suivent au tableau et dans leurs livres. Ils n'ont à réciter textuellement par cœur que le résumé de la leçon. Exemple : à la troisième dizaine, le § 17 et la dernière ligne du § 19.

Arrivés à **100**, les élèves ont une idée très nette des trois premiers ordres. On fait apprendre par cœur la récapitulation (p. 28 du livre de l'élève) et on enseigne, en une *seule leçon*, les centaines (p. 30), en ayant soin de montrer qu'il y a *neuf* nombres de centaines complètes, comme il y a *neuf* nombres de dizaines et *neuf* nombres d'unités simples.

La première classe bien sue, on enseigne la classe des mille en une *seule leçon* (p. 34 et 35), en ayant soin de montrer que cette classe est **exactement** formée comme la première, mais avec des unités plus grandes. *Cette comparaison est* **essentielle.**

Ce serait une faute d'enseigner *séparément* les unités, les dizaines et les centaines de mille : les élèves ne verraient pas suffisamment que la deuxième classe est formée comme la première.

On fera voir que pour nommer les nombres de cette classe il n'a fallu qu'un *seul* mot nouveau, le mot *mille*.

Mêmes observations pour la classe des millions, que nous avons réduite à une page.

CHAPITRE II

CALCUL MENTAL ET ORAL

Le calcul mental doit être commencé dès que les élèves savent compter jusqu'à *vingt*; il doit être enseigné *parallèlement* à la numération et aux quatre règles. Nous conseillons même de le continuer jusque dans le cours supérieur. Habituer les élèves à calculer *vite* et *sûrement* est aussi nécessaire que de leur enseigner les éléments de l'arithmétique raisonnée; mais, la tâche est plus difficile; on n'y parvient qu'à l'aide d'exercices souvent répétés.

Ces exercices sont généralement des calculs oraux; surtout des additions et des multiplications faites avec les neuf premiers nombres. L'efficacité de ces exercices dépend beaucoup de *l'entrain* qu'on y apporte. L'animation est nécessaire dans toutes les leçons, mais tout particulièrement dans les exercices de calcul oral, qui ont pour but d'habituer l'élève à calculer *rapidement*. Dans les petites classes, il importe de faire ces exercices de *trois manières* :

1° A l'aide *d'objets matériels*, placés directement sous les yeux des élèves, tels que des bûchettes, des billes, etc., afin que les enfants puissent *voir et toucher* les unités qu'ils comptent;

2° A l'aide de nombre *concrets*, exprimant des unités *connues des enfants*, mais qu'ils seront obligés de se représenter de *mémoire;*

3° Sur des nombres *abstraits.*

Nous donnons, sous forme de tableaux, des exercices que les élèves doivent apprendre par cœur. Ils contiennent toutes les combinaisons qui se présentent dans les tables d'addition et de multiplication.

Le maître n'attendra pas qu'un exercice soit su entièrement pour commencer le suivant : il pourra aborder le second *dès que le premier paragraphe du premier tableau sera suffisamment connu, et ainsi de suite.*

Ces exercices complètent et fortifient ceux que l'on a préalablement faits à l'aide d'objets matériels. Lorsqu'un enfant a vu que *8 bûchettes* et *2 bûchettes* font *10 bûchettes*, cette notion se généralise et se grave dans sa mémoire, quand il la voit représentée par l'expression écrite: *8 et 2 font 10.*

Aussitôt que les élèves sont initiés au calcul mental, il importe de varier les exercices en leur faisant résoudre oralement et le plus souvent possible, de petits problèmes à leur portée. « Mais au lieu
» de répéter l'énoncé d'un problème pour chaque élève, procédé qui
» fait perdre beaucoup de temps et enlève à la leçon l'*animation*
» dont elle a besoin, un seul énoncé peut suffire pour exercer plu-
» sieurs élèves. »

EXEMPLE. ADDITION ET SOUSTRACTION. — « Un enfant a *trois*
» *plumes*. Combien en aura-t-il, si sa mère lui en donne *quatre*
» *autres ?* — Paul répondez.

» Puis, à un autre élève : et si on lui en donne encore *quatre*
» *autres ?*

» A un troisième : et *cinq autres ?*

» A un quatrième : et *trois autres ?*

» Au suivant : et si, sur ce dernier nombre, l'enfant perd *quatre*
» *plumes ?* — Puis *trois autres ?* — Puis *quatre autres ?* etc. »

AUTRE EXEMPLE. MULTIPLICATION. — « Jules gagne *deux bons*
» *points* par jour, combien en gagne-t-il en *deux* jours ? — en *trois*
» jours ? — en *cinq* jours ? — en *sept* jours ? »

AUTRE EXEMPLE. DIVISION. — « On partage, en parts égales, *vingt*
» *noix* entre des enfants ; combien en donnera-t-on à chacun, s'il y
» a *dix* enfants ? — *cinq* enfants ? — *quatre* enfants ? — Si l'on a
» *vingt-quatre noix* et *douze* enfants ? — *huit* enfants ? — *six*
» enfants ? — *quatre* enfants ? — *trois* enfants ? — *deux* enfants ?

» La question précédente et la réponse sont nécessaires pour que
» la question nouvelle puisse être comprise. Les questions se succè-
» dent avec *rapidité ;* ainsi l'attention des élèves est toujours en
» *éveil :* s'ils sont distraits un seul instant, ils ne peuvent plus
» répondre (1) ».

---

(1) Conférence de M. Berthon aux instituteurs et aux institutrices de Lyon sur l'enseignement de l'arithmétique dans les petites classes.

CHAPITRE III

LES QUATRE OPÉRATIONS

La méthode à suivre pour enseigner les quatre opérations est celle que nous avons indiquée dans nos observations générales.

Nous allons donner un modèle de leçon.

Première leçon sur l'addition.

La première leçon sur l'addition consiste à *faire trouver* aux élèves *la définition* de cette opération, et à leur donner à *apprendre par cœur* la formule exacte de cette définition.

EXPOSITION. — (L'instituteur dispose 4 billes en une rangée, et 3 autres au-dessous en une deuxième rangée).

(Les élèves ont, devant eux, leur livre où l'opération que l'on va faire est représentée).

Le Maître. « Nous allons faire ensemble un petit calcul, » et vous direz ensuite en quoi il consiste.

» Paul a 4 billes (le maître montre la première rangée); » sa mère lui en donne 3 autres (le maître montre la » deuxième rangée). Combien en-a-t-il en tout?

» Pour savoir combien Paul a de billes, nous allons *réunir toutes les billes ensemble* (l'instituteur place les deux » rangées l'une à la suite de l'autre) et nous les compte- » rons. *Une bille, deux billes..... sept billes.*

» Nous voyons que Paul a 7 billes en tout.

» Nous avons réuni deux nombres en un *seul* nombre.

» Ce que nous venons de faire est une opération de » calcul, et cette opération s'appelle **addition.** »

INTERROGATION. — *Le M.* « Quel est celui qui pourra me dire ce que c'est que l'*addition ?* »

Les Élèves. (Réponse probable.) « C'est une opération de » calcul ».

Le M. « Oui. Mais votre réponse n'est pas suffisante. » En quoi consiste cette opération ? »

Les É. « Cette opération consiste à réunir deux nombres » en un seul » (*).

Le M. « C'est cela. Remplacez le mot opération par le » mot addition, et dites : l'addition consiste à..... »

Les É. « L'addition consiste à réunir deux nombres en » un seul ».

EXPOSITION MÊLÉE D'INTERROGATIONS. — *Le M.* « Vous ve- » nez de trouver à peu près la définition de l'addition. » Cette définition n'est pas encore complète; mais nous » allons la compléter.

» Nous n'avons réuni que deux nombres en un seul, » mais nous pourrions en réunir plus de deux, par exemple » *trois*, *quatre*, *cinq*, et même davantage. Prenons un » exemple :

» Paul a 4 billes, sa mère lui en donne 3 et son père » lui en donne 2. Combien en aura-t-il en tout ? »

Les É. « Il faut réunir les trois nombres de billes en un » seul nombre. »

(*) Les élèves commencent souvent leurs réponses par le verbe et quelquefois par le complément. Dans l'exemple ci-dessus, si le maître dit : « L'addition consiste à réunir... Plusieurs répondront : « à réunir » deux nombres en un seul », et d'autres se borneront à dire : « Deux nombres en un seul ».

Il ne faut pas tolérer ces réponses tronquées; il importe d'habituer les les élèves à répondre par des phrases complètes. L'idée est plus nette dans leur esprit quand ils l'ont complètement exprimée. (Cette observation ne concerne pas les exercices de calcul, dans lesquels on abrège le plus possible le langage.)

Il arrive aussi quelquefois qu'ils définissent une opération ou un fait quelconque par la circonstance dans laquelle ce fait se produit. Par exemple, pour l'addition, ils disent : « C'est *quand* on réunit deux nombres en un seul. » Il ne faut jamais admettre ces réponses.

Le M. « Faisons-le. »

Le M. « 4 billes et 3 billes font... » — *Les É.* « 7 billes ».

Le M. « 7 billes et 2 billes font... » — *Les É.* « 9 billes ».

Le M. « Paul a donc en tout 9 billes ».

« L'opération que nous venons de faire est encore une
» addition.

» Lorsqu'on *réunit* **plusieurs** *nombres en* **un seul** on
fait une *addition*.

» Donnez-moi maintenant une définition plus complète
» de l'addition ».

Les É. « L'addition consiste à réunir plusieurs nombres
en un seul ».

Le M. « Bien. Voilà une définition plus complète. Il y
» manque cependant encore quelque chose.

» Si nous avions réuni 4 billes avec 3 bûchettes, nous
» aurions bien 7 unités; mais elles ne seraient pas sem-
» blables. Ce ne seraient pas 7 billes, ni 7 bûchettes. Ce
» seraient 7 objets. Il est vrai qu'en les considérant comme
» des objets, ces unités se ressembleraient; mais, désigner
» des *billes* et des *bûchettes* par le mot *objet*, c'est employer
» une expression très vague. Cela se fait rarement. Quand on
» a des billes et des bûchettes, on les compte séparément.
» On ne réunit ensemble que des nombres exprimant des
» unités de *même espèce*.

» Voici la définition exacte et complète de l'addition.

» **L'addition** *est une opération par laquelle* **on réunit
deux** *ou* **plusieurs nombres** *de même espèce* **en un
seul**.

» *Le résultat de l'addition se nomme* **somme** *ou* **total.**

» Dans notre premier exemple *(4 billes et 3 billes)* **7** est
» la somme ou le total.

» Vous apprendrez par cœur, pour la prochaine leçon,
» la définition de l'addition, § 78 de votre livre. »

PROBLÈMES

Tout en faisant une large part aux exercices de calcul mental, oraux et écrits, pour habituer les élèves *à calculer vite*, nous sommes d'avis que chaque leçon comprenne un ou plusieurs problèmes, afin que les élèves se familiarisent avec les *applications* de l'arithmétique, qu'ils en comprennent l'utilité et qu'ils s'y intéressent.

Les *problèmes* doivent être *raisonnés* et les *raisonnements* doivent être *écrits.*

On objecte quelquefois que les élèves du cours élémentaire sont trop jeunes pour raisonner, et on leur fait faire des opérations, même des problèmes, sans le moindre raisonnement; mais ce calcul mécanique et abstrait est infiniment plus difficile que s'il était raisonné : c'est un exercice rebutant. Supprimer le raisonnement, c'est enlever au calcul ce qui peut lui donner de l'attrait.

Tout le monde sait que les enfants aiment à raisonner : ils veulent avoir *le pourquoi* de tout ce dont ils s'occupent, et quelquefois leurs questions sont fort embarrassantes. Mais cette disposition naturelle est souvent étouffée par une éducation mal dirigée. Quand on les habitue à se payer de mots non compris, ils perdent l'habitude de raisonner.

C'est ce qui arrive dans les écoles où le calcul est enseigné d'une manière empirique. A force d'exercices, les élèves parviennent, il est vrai, à faire mécaniquement les opérations et même des problèmes; ils savent, *par habitude*, que pour telle espèce de problèmes, il faut multiplier, additionner, soustraire, diviser, etc.; mais dès que la mémoire leur fait défaut, leur esprit n'étant pas habitué à réfléchir ni à raisonner, ils sont incapables de retrouver seuls la marche à suivre.

On appelle cela de *l'enseignement pratique;* ce n'est que de la *routine*. La vraie pratique s'éclaire toujours du raisonnement.

Non seulement nous demandons que les problèmes soient raisonnés; mais nous voulons que les raisonnements soient écrits. Les raisonnements oraux sont trop vagues : les élèves n'y voient pas suffisamment les fautes qu'ils commettent.

Il importe que le raisonnement soit exprimé en un langage correct pour que les idées et leur enchaînement soient plus clairs dans l'esprit des élèves.

Le raisonnement des problèmes doit être un travail personnel de l'élève, auquel on le prépare en lui donnant des modèles. Il doit donc être fait en même temps que le calcul, *avant* la correction, sauf les cas, bien entendu, où il s'agit de donner des modèles.

Ce qu'on désigne souvent sous le nom de *solution*, où la suite des opérations est indiquée avec des lambeaux de phrases intelligibles *seulement* pour ceux qui ont préalablement compris le problème, n'est pas un raisonnement; ce n'est pas suffisant pour les commençants.

Tout en étant exprimés par des phrases complètes, les raisonnements des problèmes doivent être *courts*. La plupart des modèles que nous avons donnés n'ont que *trois* lignes; quelques-uns en ont *quatre*, deux seulement en ont un peu plus.

La forme des raisonnements de problèmes doit se modifier avec la force des élèves. Dans le cours élémentaire, où les problèmes ne renferment qu'une ou deux opérations, il faut justifier chaque opération; dans les cours suivants, lorsque les problèmes renferment un certain nombre d'opérations, on n'indique que les grandes lignes de la solution.

ARITHMÉTIQUE

NOTIONS PRÉLIMINAIRES

§ 1. — *L'unité.* On appelle **unité** chacun des êtres ou des objets *que l'on compte.*

EXEMPLES : un arbre, un oiseau, un chat.

Fig. 1. Un arbre.   Fig. 2. Deux oiseaux.   Fig. 3. Trois chats.

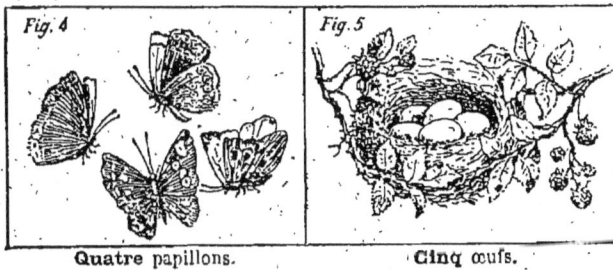

Quatre papillons.   Cinq œufs.

§ 2. — *Le* **nombre.** *Une unité ou une collection d'unités de même espèce forment* **un nombre.** EXEMPLES :

Fig. 1. Un *arbre.*	Un est un *nombre.*	Un arbre est une *unité.*
Fig. 2. Deux *oiseaux.*	Deux est un *nombre.*	Un oiseau est une *unité.*
Fig. 3. Trois *chats.*	Trois est un *nombre.*	Un chat est une *unité.*
Fig. 4. Quatre *papillons.*	Quatre est un *nombre.*	Un papillon est une *unité.*
Fig. 5. Cinq *œufs.*	Cinq est un *nombre.*	Un œuf est une *unité.*

NUMÉRATION PARLÉE

§ 3. — *La* **numération parlée** *nous apprend à nommer les nombres à l'aide de quelques mots.*

Pour apprendre à nommer les nombres, nous allons compter des bûchettes. En voici un tas devant nous. Nous les placerons une à une, par rangées, sur des cartons. Nous en prendrons d'abord une au hasard. Cette bûchette est une unité. Fixons-la sur le carton. A côté de cette première bûchette, nous en plaçons une autre, puis une autre, puis encore une autre..., etc.

Chaque fois que nous plaçons une nouvelle bûchette, nous nommons le nombre que nous formons.

§ 4. — Les unités simples.

Valeur des nombres
représentée par des bûchettes

Une bûchette forme le nombre **un**		
Un et un font	**deux**	
Deux et un font	**trois**	
Trois et un font	**quatre**	
Quatre et un font	**cinq**	
Cinq et un font	**six**	
Six et un font	**sept**	
Sept et un font	**huit**	
Huit et un font	**neuf**	

§ 5. — *Ces* neuf *premiers nombres sont appelés* **unités simples** *ou* **unités du premier ordre.**

§ 6. — La première dizaine.

Neuf bûchettes et une font **dix** bûchettes ou **une dizaine.**

Une **dizaine** *est une* **unité du deuxième ordre.**

Exercices oraux.

Ex. 1. — Quelle est l'unité dans *cinq* plumes ?
— — dans *trois* oranges ?
— — dans *huit* noisettes ?

Ex. 2. — Reprendre les mêmes exemples en demandant quel est le nombre.

EXEMPLE : Quel est le nombre dans *cinq* plumes ?

Ex. 3. — Combien y a-t-il de lettres dans les mots **a mi — mè re — a mi tié — frè re — fra ter ni té — cha ri té** ?

Ex. 4. — Comptez de *une* noix à *cinq* noix.
— de *trois* plumes à *huit* plumes.
— de *un* bon point à *dix* bons points.
— de *un* chapeau à *dix* chapeaux.

Ex. 5. — André a *neuf* plumes ; combien lui en manque-t-il pour avoir la *dizaine* ?

Paul a *trois* dragées ; combien en aura-t-il, si on lui en donne *une* autre ? — puis encore *une* autre ?

Combien *une dizaine* de plumes est-elle de fois plus grosse qu'*une seule* plume ?

Ex. 6. — Jules a *quatre* bonbons ; combien lui en restera-t-il s'il en mange *un* ? — puis *un* autre ? — puis encore *un* autre
Comptez à rebours de *cinq* billes à *une* bille.
— — de *dix* châtaignes à *une* châtaigne.

Exercices au tableau.

Ex. 7. — Tracez *deux* barres — *trois* barres — *quatre* barres.
— *deux* groupes de *trois* barres chacun. — Comptez toutes les barres.
— *cinq* groupes de *deux* ronds chacun. — Comptez tous les ronds.
— *deux* groupes de *cinq* ronds chacun. — Comptez tous les ronds.

Ex. 8. — Tracez une *dizaine* de ronds. — Comptez-les en partant de *un*. — Comptez-les à rebours, et effacez-en *un* chaque fois.

§ 7. — *La* **numération écrite** *nous apprend à écrire les nombres à l'aide de caractères appelés* **chiffres.**

LES DIX CHIFFRES

§ 8. — *On écrit tous les nombres au moyen de* **dix** *chiffres.*

Représentation des nombres	Noms des nombres	Valeur des nombres représentés par des bûchettes
Le chiffre **1** représente le nombre **un**		
Le chiffre **2** —	**deux**	
Le chiffre **3** —	**trois**	
Le chiffre **4** —	**quatre**	
Le chiffre **5** —	**cinq**	
Le chiffre **6** —	**six**	
Le chiffre **7** —	**sept**	
Le chiffre **8** —	**huit**	
Le chiffre **9** —	**neuf**	

§ 9. — *Le chiffre* **zéro (0)** *ne représente* **rien** *quand il est seul; mais, dans un nombre de deux ou de plusieurs chiffres, il tient la place des unités qui manquent.*

§ 10. — Les **neuf** premiers nombres, qu'on appelle **unités simples** ou **unités du premier ordre,** s'écrivent chacun par un seul **chiffre.**

§ 11. — Les chiffres qui représentent les neuf premiers nombres, sont appelés **chiffres significatifs.**

§ 12. — LA PREMIÈRE DIZAINE.

Ces chiffres, **10,** représentent le nombre **dix** ou **une dizaine**

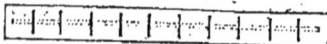

REMARQUE. — Le zéro occupe le *premier rang :* de sorte que le chiffre **1,** qui doit représenter **une dizaine,** est au **deuxième rang,** à partir de la droite.

Exercices oraux.

Ex. 9. — Quelle est l'unité dans quatre *boules* ?
—   dans huit *bonbons* ?
—   dans dix *sous* ?

Ex. 10. — Quel est le nombre dans *cinq* châtaignes ?
—   dans *trois* chevaux ?
—   dans *sept* chiens ?

Ex. 11. — Comptez de *une* image à *dix* images,
—   *un* crayon à *dix* crayons.

Ex. 12. — Quels nombres forme-t-on avec :
cinq châtaignes et *une* châtaigne ?
trois gâteaux et *un* gâteau ?

Ex. 13. — Combien faut-il de chiffres pour écrire chacun des neuf premiers nombres ? — Combien en faut-il pour écrire *dix* ? — Comment appelle-t-on les chiffres qui représentent les neuf premiers nombres ? — Le zéro a-t-il une valeur par lui-même ? — Quelle valeur donne-t-il au chiffre 1 dans le nombre 10 ?

Exercices au tableau.

Ex. 14. — Lisez les nombres suivants et écrivez-les en remplaçant les chiffres par leurs noms en lettres :

  2 épingles,   3 arbres,   10 doigts,
  4 aiguilles,   5 roses,   9 chevaux.

Ex. 15. — Écrivez en chiffres les nombres écrits en lettres :

une perle,   *huit* feuilles,   *quatre* élèves,
quatre coquilles,   *six* fleurs,   *deux* maîtres,
six bouteilles,   *cinq* fruits,   *huit* soldats.

Ex. 16. — Tracez *quatre* barres et écrivez au-dessous le chiffre *quatre*. Faites-en autant avec *six* barres — *cinq* ronds — *sept* barres — *huit* ronds — *neuf* barres — *dix* ronds.

Ex. 17. — Écrivez les mots suivants, et, à côté de chacun, le nombre de lettres qu'il renferme : **nid — plume — oiseau — bon — bonté — obligeance — fort — faible — faiblesse.**

DEUXIÈME DIZAINE

§ 13. — *RÉSUMÉ des leçons précédentes.* — Nous savons :
1° Que **dix** bûchettes font **une dizaine** de bûchettes ;
2° Qu'une **dizaine** est **une unité du second ordre**, qu'on représente par le chiffre **1** placé au **second rang**, à partir de la droite.

10

§ 14. — Nous allons former une nouvelle dizaine.

Valeur des nombres		Nombres écrits en chiffres	
Dizaines	Unités	Dizaines	Unités
Dix et un font **onze**		**1**	**1**
Onze et un font **douze**		**1**	**2**
Douze et un font **treize**		**1**	**3**
Treize et un font **quatorze**		**1**	**4**
Quatorze et un font **quinze**		**1**	**5**
Quinze et un font **seize**		**1**	**6**
Seize et un font **dix-sept**		**1**	**7**
Dix-sept et un font **dix-huit**		**1**	**8**
Dix-huit et un font **dix-neuf**		**1**	**9**
Dix-neuf et un font **vingt**		**2**	**0**

§ 15. — Nous avons formé le nombre **vingt** avec **deux dizaines**. Lorsque la deuxième dizaine a été complète, nous l'avons placée sur la première, dans la **deuxième colonne** : il n'est rien resté dans la première colonne, qui est celle des unités simples.

§ 16. — De même, pour écrire le nombre **vingt**, nous représentons les **deux dizaines** par le chiffre **2** placé au **second rang**; et, comme il n'y a pas d'unités simples, nous les remplaçons par zéro (**0**), au **premier rang**.

Deux dizaines font **vingt**, qu'on écrit **20**

Exercices oraux

Ex. 18. — Quelle est l'unité dans quinze *livres*?
— dans vingt *feuilles*?

Ex. 19. — Quel est le nombre dans *dix* moutons?
— dans *dix-huit* voitures?

Ex. 20. — Comptez de *un* pois à *vingt* pois,
— de *dix* hommes à *vingt* hommes.

Ex. 21. — Combien faut-il de *dizaines* de dragées pour faire
vingt dragées?

Ex. 22. — Combien font *dix* centimes et *trois* centimes?
— *une dizaine* de pains et *quatre* pains?

Ex. 23. — Combien y a-t-il de *dizaines* et d'*unités* simples:
dans *douze* allumettes? dans *dix-neuf* pommes?
dans *dix-sept* boutons? dans *quinze* livres?

Ex. 24. — Comptez de *deux* à *dix* boules, en prenant *deux*
boules à la fois?

Ex. 25. — Combien faut-il de chiffres pour écrire un nombre
contenant des dizaines? — Combien faut-il de chiffres pour écrire
un nombre ne contenant que des unités simples?
— A quel rang place-t-on les unités simples?

Exercices au tableau.

Ex. 26. — Faites trois groupes de cinq barres chacun. Comptez
toutes les barres.
— *quatre* groupes de *trois* ronds chacun. Comptez
tous les ronds.

Ex. 27. — Lisez les nombres suivants, et écrivez-les en remplaçant les nombres écrits en chiffres par leurs noms en lettres :
7 couteaux, 4 navets, 11 chevaux,
9 clous, 17 asperges, 18 moutons.

Ex. 28. — Écrivez en chiffres les nombres suivants :
les *vingt* nombres de *un* à *vingt*,
dix noix, *quinze* assiettes, *quatorze* lapins,
onze cerises, *dix-huit* verres, *dix-sept* poissons.

2

TROISIÈME DIZAINE

§ **17.** — *RÉSUMÉ des leçons précédentes.* — Rappelons-
nous que **dix unités simples** font **une dizaine ;**

Que les **dizaines** sont des unités du **deuxième ordre,**
qu'on représente par un chiffre placé au **deuxième rang,**
à partir de la droite ;

Que les **unités simples** sont des **unités du premier
ordre,** qu'on écrit au **premier rang** à droite ;

Que le **zéro (0)** remplace les unités qui manquent.

Deux dizaines font **vingt**   **20**

§ **18.** — Nous allons former une troisième dizaine.

Vingt et un font **vingt et un**	Valeur des nombres		Nombres écrits en chiffres
	Dizaines	Unités	Dizaines / Unités
Vingt et un font **vingt et un**			2 1
Vingt et un et un font **vingt-deux**			2 2
Vingt-deux et un font **vingt-trois**			2 3
Vingt-trois et un font **vingt-quatre**			2 4
Vingt-quatre et un font **vingt-cinq**			2 5
Vingt-cinq et un font **vingt-six**			2 6
Vingt-six et un font **vingt-sept**			2 7
Vingt-sept et un font **vingt-huit**			2 8
Vingt-huit et un font **vingt-neuf**			2 9
Vingt-neuf et un font **trente**			3 0

§ **19.** — Nous avons formé le nombre **trente** avec
trois dizaines. Lorsque la troisième dizaine a été complète, nous l'avons placée sur les deux premières, dans la
deuxième colonne : il n'est rien resté dans la colonne
des unités simples.

Trois dizaines font **trente,** qu'on écrit. . . . **30**

Exercices oraux.

Ex. 29. — Quelle est l'unité dans vingt-cinq *mètres* ?
      — dans trente *francs* ?
      Quel est le nombre dans *vingt-trois* maisons ?
      — dans *vingt-neuf* bateaux ?

Ex. 30. — Comptez de *vingt* à *trente* marrons,
      — de *dix* à *trente* enfants.

Ex. 31. — Combien font *une dizaine* de pigeons ?
      — *deux dizaines* d'œufs ?

Ex. 32. — Quel nombre forme-t-on avec :
      deux dizaines d'épingles et *trois* épingles ?
      deux dizaines de bûchettes et *quatre* bûchettes ?

Ex. 33. — Combien y a-t-il de *dizaines* et d'*unités* simples dans les nombres suivants :

      vingt-deux pommes ?   *vingt-cinq* unités ?
      vingt-huit soldats ?   *trente* unités ?

Ex. 34. — Comptez de *dix* à *vingt* noix, en prenant deux noix à la fois,
      — de *onze* à *vingt et une* pêches, en prenant deux pêches à la fois.

Exercices au tableau.

Ex. 35. — Faites *trois* groupes, de *dix* barres chacun. Comptez toutes les barres.
      — *six* groupes, de *cinq* ronds chacun. Comptez tous les ronds.

Ex. 36. — Lisez les nombres suivants, et écrivez-les ensuite en remplaçant les nombres en chiffres par leurs noms en lettres :

3 bâtons,   23 plumes,   24 unités
8 baguettes,   7 crayons,   19 unités.

Ex. 37. — Écrivez en chiffres les nombres suivants :
      les *dix* nombres de *vingt* à *trente*,
deux lièvres,   *vingt-trois* francs,   *dix* unités,
six perdrix,   *vingt-neuf* mètres,   *vingt* unités.

QUATRIÈME DIZAINE

§ 20. — *RÉSUMÉ des leçons précédentes.* — Les élèves rappelleront les notions de numération qui précèdent.

Trois dizaines font **trente**   **30**

§ 21. — Nous allons former une quatrième dizaine.

	Valeur des nombres		Nombres écrits en chiffres	
	Dizaines	Unités	Dizaines	Unités
Trente et un font **trente et un**			3	1
Trente et un et un font **trente-deux**			3	2
Trente-deux et un font **trente-trois**			3	3
Trente-trois et un font **trente-quatre**			3	4
Trente-quatre et un font **trente-cinq**			3	5
Trente-cinq et un font **trente-six**			3	6
Trente-six et un font **trente-sept**			3	7
Trente-sept et un font **trente-huit**			3	8
Trente-huit et un font **trente-neuf**			3	9
Trente-neuf et un font **quarante**			4	0

§ 22. — Lorsque la quatrième dizaine a été complète, nous l'avons placée sur les trois autres, dans la **deuxième colonne** : il n'est pas resté d'unités simples.

Quatre dizaines font **quarante**, qu'on écrit . . **40**

Exercices oraux.

Ex. 38. — Comptez de *trente* à *quarante* noix,

— de *vingt* à *quarante* cerises,

— de *vingt* à *un*, à rebours.

Ex. 39. — Combien y a-t-il de boutons dans *une dizaine* de boutons? — dans *deux dizaines*? — dans *trois dizaines*? — dans *quatre dizaines*?

Ex. 40. — Quels nombres forme-t-on avec :

— *une dizaine* de poires et *quatre* poires?

— *deux dizaines* de figues et *cinq* figues?

— *trois dizaines* de cahiers et *un* cahier?

— *trois dizaines* de büchettes et *sept* büchettes?

Ex. 41. — Combien y a-t-il de *dizaines* et d'*unités* simples dans les nombres suivants :

— *dix-huit* francs?   — *trente-neuf* unités?

— *vingt-six* cahiers?   — *trente-deux* unités?

— *trente-sept* mouchoirs? — *quatorze* unités?

Ex. 42. — Comptez de *vingt* à *trente* crayons, en prenant *deux* crayons à la fois.

Comptez de *vingt et un* à *trente et un*, en prenant deux unités à la fois.

Exercices au tableau.

Ex. 43. — Lisez les nombres suivants et écrivez-les ensuite, en remplaçant les nombres en chiffres par leurs noms en lettres :

4 feuilles,	22 tables,	22 unités,
13 fruits,	17 maisons,	33 livres,
17 fleurs,	29 tuiles,	11 unités,
25 plantes,	14 ardoises,	40 clous.

Ex. 44. — Écrivez en chiffres les nombres suivants:

trois règles,	*trente-deux* plumes,	*trente-huit* unités,
douze crayons,	*trente-six* encriers,	*onze* chevaux,
vingt-quatre lignes,	*dix-huit* tables,	*trente-deux* unités,
trente pages,	*vingt-sept* chaises,	*quarante* unités.

2.

CINQUIÈME DIZAINE

§ **23.** — *RÉSUMEZ les leçons précédentes, comme à la troisième dizaine.*

Quatre dizaines font **quarante**   **40**

§ **24.** — Nous allons former une cinquième dizaine.

	Valeur des nombres		Nombres écrits en chiffres
	Dizaines	Unités	Dizaines / Unités
Quarante et un font **quarante et un**			4 1
Quarante et un et un font **quarante-deux**			4 2
Quarante-deux et un font **quarante-trois**			4 3
Quarante-trois et un font **quarante-quatre**			4 4
Quarante-quatre et un font **quarante-cinq**			4 5
Quarante-cinq et un font **quarante-six**			4 6
Quarante-six et un font **quarante-sept**			4 7
Quarante-sept et un font **quarante-huit**			4 8
Quarante-huit et un font **quarante-neuf**			4 9
Quarante-neuf et un font **cinquante**			5 0

§ **25.** — Lorsque la cinquième dizaine a été complète, nous l'avons placée sur les quatre autres, dans la **deuxième colonne** : il n'est rien resté dans la colonne des unités simples.

Cinq dizaines font **cinquante**, qu'on écrit . . **50**

Exercices oraux.

Ex. 45. — Comptez de *quarante* à *cinquante* clous,
— de *quarante* à *cinquante* plumes,
— de *trente* à *cinquante* unités.

Ex. 46. — Combien y a-t-il d'épingles dans *une* dizaine d'épingles? — dans *deux* dizaines? — dans *trois* dizaines? — dans *quatre* dizaines? — dans *cinq* dizaines?

Ex. 47. — Quelle est *l'unité simple* et quelle est *l'unité de second ordre*
dans *une dizaine* de dragées?
dans *deux dizaines* de châtaignes?
dans *trois dizaines* de noix?

Ex. 48. — Quels nombres forme-t-on avec :
une dizaine de quilles et *une quille*?
deux dizaines de boules et *huit* boules?
trois dizaines et *deux* unités simples?

Ex. 49. — Combien y a-t-il d'unités simples dans les nombres suivants :

douze ardoises?	*trente-neuf* plumes?
vingt-cinq crayons?	*quarante-deux* unités?
trente-six unités?	*quarante-neuf* livres?

Ex. 50. — Comptez de *trente* à *cinquante*, en prenant *deux* unités à la fois.
— de *trois* à *trente*, en prenant *trois* unités.

Exercices au tableau.

Ex. 51. — Lisez les nombres suivants, et écrivez-les ensuite en remplaçant les nombres en chiffres par leurs noms en lettres :

5 hommes,	40 minutes,	24 unités,
14 soldats,	43 heures,	34 livres.

Ex. 52. — Écrivez en chiffres les nombres suivants :

huit cerises,	*quarante-six* lignes,	*vingt-deux* unités,
dix-neuf plumes,	*quarante-sept* lettres,	*trente-trois* unités.

SIXIÈME DIZAINE

§ **26.** — Nous avons vu, dans la leçon précédente, que **cinq dizaines** font **cinquante**   **50**

§ **27.** — Nous allons former une sixième dizaine.

	Valeur des nombres		Nombres écrits en chiffres
	Dizaines	Unités	Dizaines / Unités
Cinquante et un font **cinquante et un**			5 1
Cinquante et un et un font **cinquante-deux**			5 2
Cinquante-deux et un font **cinquante-trois**			5 3
Cinquante-trois et un font **cinquante-quatre**			5 4
Cinquante-quatre et un font **cinquante-cinq**			5 5
Cinquante-cinq et un font **cinquante-six**			5 6
Cinquante-six et un font **cinquante-sept**			5 7
Cinquante-sept et un font **cinquante-huit**			5 8
Cinquante-huit et un font **cinquante-neuf**			5 9
Cinquante-neuf et un font **soixante**			6 0

§ **28.** — Lorsque la sixième dizaine a été complète, nous l'avons placée sur les cinq autres, dans la **deuxième colonne** : il n'est rien resté dans la colonne des unités.

Six dizaines font **soixante**, qu'on écrit   **60**

Exercices oraux.

Ex. 53. — Comptez de *cinquante* à *soixante* arbres,
— de *trente* à *soixante* unités,
— de *trente* châtaignes à *une*, à rebours.

Ex. 54. — Combien y a-t-il de plumes dans *une dizaine* de plumes? — dans *deux dizaines?* — dans *trois dizaines?* — dans *quatre dizaines?* — dans *cinq dizaines?* — dans *six dizaines?*

Ex. 55. — Quelle est l'*unité simple* et quelle est l'*unité de second ordre* dans les nombres suivants :

une dizaine de poulets?   *cinq dizaines* de moineaux?
deux dizaines de canards?   *six dizaines* d'hirondelles?

Ex. 56. — Quels nombres forme-t-on avec :

une dizaine de noisettes et *deux* noisettes?
deux dizaines de pêches et *trois* pêches?
trois dizaines de gâteaux et *cinq* gâteaux?

Ex. 57. — Combien y a-t-il de *dizaines* et d'*unités simples* dans les nombres suivants

quatorze soldats?   *quarante-sept* unités?
vingt-deux maisons?   *cinquante-huit* livres?
trente-cinq ouvriers?   *cinquante-quatre* unités?

Ex. 58. — Comptez par *deux*, de *quarante* à *soixante*,
— de *vingt et un* à *cinquante-neuf*.

Exercices au tableau.

Ex. 59. — Lisez les nombres suivants, et écrivez-les en remplaçant les nombres écrits en chiffres par leurs noms en lettres :

14 bateaux,   18 unités,   43 unités,
27 barques,   54 livres,   59 crayons.

Ex. 60. — Écrivez en chiffres les nombres suivants :

les *dix* nombres de *cinquante* à *soixante*.
vingt-cinq moineaux, *cinquante-sept* unités, *trente-huit* unités,
trente-trois perdrix, *cinquante-huit* unités, *cinquante-six* unités.

SEPTIÈME DIZAINE

§ 29. — Nous nous rappelons que **six dizaines font soixante**   **6 0**

§ 30. — Nous allons former une septième dizaine.

	Valeur des nombres		Nombres écrits en chiffres	
	Dizaines	Unités	Dizaines	Unités
Soixante et un font **soixante et un**			6	1
Soixante et un et un font **soixante-deux**			6	2
Soixante-deux et un font **soixante-trois**			6	3
Soixante-trois et un font **soixante-quatre**			6	4
Soixante-quatre et un font **soixante-cinq**			6	5
Soixante-cinq et un font **soixante-six**			6	6
Soixante-six et un font **soixante-sept**			6	7
Soixante-sept et un font **soixante-huit**			6	8
Soixante-huit et un font **soixante-neuf**			6	9
Soixante-neuf et un font **soixante-dix**			7	0

§ 31. — Lorsque la septième dizaine a été complète, nous l'avons placée sur les six autres, dans la **deuxième colonne** : il n'est rien resté dans la colonne des unités.

Sept dizaines font soixante-dix, qu'on écrit.. **70**

Exercices oraux.

Ex. 61. — Comptez de *soixante* cerises à *soixante-dix* cerises,
— de *cinquante* à *soixante-dix* groseilles,
— de *quarante* cerises à *vingt*, à rebours.

Ex. 62. — Combien y a-t-il de couteaux dans *une dizaine de* couteaux? — dans *deux dizaines?* — *trois dizaines?* — *quatre dizaines?* — *cinq dizaines?* — *six dizaines?* — *sept dizaines?*

Ex. 63. — Quelle est l'*unité simple* et quelle est l'*unité du second ordre*:

dans *une* dizaine de plumes?
dans *quatre dizaines* de feuilles?
dans *sept* dizaines de livres?

Ex. 64. — Quels nombres forme-t-on avec:

deux dizaines de cahiers et *huit* cahiers?
trois dizaines de chemises et *six* chemises?
quatre dizaines et *neuf* unités?

Ex. 65. — Combien y a-t-il de dizaines et d'unités dans:

treize aiguilles?	*cinquante-deux* livres?
trente-deux clous?	*soixante-huit* unités?
quarante-sept unités?	*soixante-cinq* unités?

Ex. 66. — Comptez par *deux*, de *cinquante* à *soixante-dix*,
— de *trente et un* à *soixante-neuf*.

Exercices au tableau.

Ex. 67. — Lisez les nombres suivants, et écrivez-les en remplaçant les nombres écrits en chiffres par leurs noms en lettres:

18 lits,	56 unités,	61 livres,
27 tables,	60 clous,	57 unités.

Ex. 68. — Écrivez en chiffres les nombres suivants:

dix-neuf habits,	*soixante-trois* unités,	*soixante-cinq* unités,
trente-quatre robes,	*cinquante-trois* unités,	*soixante-dix* livres,
quarante-huit lits,	*trente-six* unités,	*soixante-quatre* unités.

HUITIÈME DIZAINE

§ 32. — Rappelons-nous que **sept dizaines** font **soixante-dix,**

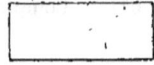

70

§ 33. — Nous allons former une huitième dizaine.

	Valeur des nombres		Nombres écrits en chiffres
	Dizaines	Unités	Dizaines / Unités
Soixante-dix et un font **soixante et onze**			7 1
Soixante et onze et un font **soixante-douze**			7 2
Soixante-douze et un font **soixante-treize**			7 3
Soixante-treize et un font **soixante-quatorze**			7 4
Soixante-quatorze et un font **soixante-quinze**			7 5
Soixante-quinze et un font **soixante-seize**			7 6
Soixante-seize et un font **soixante-dix-sept**			7 7
Soixante-dix-sept et un font **soixante-dix-huit**			7 8
Soixante-dix-huit et un font **soixante-dix-neuf**			7 9
Soixante-dix-neuf et un font **quatre-vingts**			8 0

§ 34. — Lorsque la huitième dizaine a été complète, nous l'avons placée sur les sept autres, dans la **deuxième colonne** : il n'est point resté d'unités simples.

Huit dizaines font **quatre-vingts,** qu'on écrit. **80**

Exercices oraux.

Ex. 69. — Comptez de *soixante-dix* poires à *quatre-vingts* poires
— de *soixante* à *quatre-vingts* élèves,
— de *soixante* à *quarante* œufs, à rebours.

Ex. 70. — Combien y a-t-il de pruneaux dans *une dizaine* de
pruneaux ? — dans *deux dizaines* ? — *trois dizaines* ? — *quatre
dizaines* ? — *cinq dizaines* ? — *six dizaines* ? — *sept dizaines* ?

Ex. 71. — Quelle est l'*unité simple* et quelle est l'*unité de
second ordre* :

dans *deux dizaines* de figues?
dans *cinq dizaines* d'oranges?
dans *huit dizaines* de noix?

Ex. 72. — Quels nombres forme-t-on avec :

une dizaine de billes et *cinq* billes?
deux dizaines de poulets et *quatre* poulets?
cinq dizaines et *sept* unités?

Ex. 73. — Combien y a-t-il de dizaines et d'unités dans les
nombres suivants :

dix-sept livres?   *quarante-deux* volumes?
vingt-huit lettres?   *soixante-dix-huit* unités?
soixante-deux enveloppes?   *soixante-douze* unités?

Ex. 74. — Comptez par *deux* de *soixante* à *quatre-vingts*.

Exercices au tableau.

Ex. 75. — Lisez les nombres suivants, et écrivez-les en remplaçant les nombres écrits en chiffres par leurs noms en lettres :

11 voitures,   66 unités,   63 verres,
22 chevaux,   70 unités,   73 unités.

Ex. 76. — Écrivez en chiffres les nombres suivants :

dix-neuf boîtes,   *vingt-cinq* unités,   *trente-six* pêches,
quarante journaux,   *quarante-neuf* unités, *soixante et une* unités,
cinquante-trois lits,   *soixante* unités,   *soixante et onze* unités.

3

NEUVIÈME DIZAINE

§ 35. — Nous savons que **huit dizaines** font **quatre-vingts**   **80**

§ 36. — Nous allons former une neuvième dizaine.

	Valeur des nombres		Nombres écrits en chiffres	
	Dizaines	Unités	Dizaines	Unités
Quatre-vingts et un font **quatre-vingt-un**			8	1
Quatre-vingt-un et un font **quatre-vingt-deux**			8	2
Quatre-vingt-deux et un font **quatre-vingt-trois**			8	3
Quatre-vingt-trois et un font **quatre-vingt-quatre**			8	4
Quatre-vingt-quatre et un font **quatre-vingt-cinq**			8	5
Quatre-vingt-cinq et un font **quatre-vingt-six**			8	6
Quatre-vingt-six et un font **quatre-vingt-sept**			8	7
Quatre-vingt-sept et un font **quatre-vingt-huit**			8	8
Quatre-vingt-huit et un font **quatre-vingt-neuf**			8	9
Quatre-vingt-neuf et un font **quatre-vingt-dix**			9	0

§ 37. — Lorsque la neuvième dizaine a été complète, nous l'avons placée sur les huit autres, dans la **deuxième colonne** : il n'est pas resté d'unités simples.

Neuf dizaines font **quatre-vingt-dix**, qu'on écrit **90**

Exercices oraux.

Ex. 77. — Comptez de *quatre-vingts* personnes à *quatre-vingt-dix* personnes;

de *soixante* à *quatre-vingt-dix* fusils,
de *quatre-vingts* dragées à *soixante* dragées, à rebours.

Ex. 78. — Combien y a-t-il de noix dans *une dizaine* de noix?
— dans *deux dizaines? — trois dizaines? — quatre dizaines?
cinq dizaines? — six dizaines? — sept dizaines? — huit dizaines?*

Ex. 79. — Quelle est l'*unité simple* et l'*unité de second ordre*

dans *cinq dizaines* de bons points?
dans *huit dizaines* d'images?
dans *neuf dizaines* de couronnes?

Ex. 80. — Quels nombres forme-t-on avec

cinq dizaines d'huîtres et *trois* huîtres?
six dizaines de coquilles et *six* coquilles?
sept dizaines et *cinq* unités?

Ex. 81. — Combien y a-t-il de dizaines et d'unités dans

soixante-quatre boîtes?	*quatre-vingt-cinq* unités?
soixante-dix-huit cahiers?	*quatre-vingt-huit* livres?
quatre-vingt-deux unités?	*soixante-douze* unités?

Ex. 82. — Comptez par *deux*, de *soixante* à *quatre-vingt-dix.*

Exercices au tableau.

Ex. 83. — Lisez les nombres suivants, et écrivez-es en remplaçant les nombres écrits en chiffres par leurs noms en lettres:

70 pommiers,	16 unités,	68 unités,
74 pruniers,	66 livres,	78 cahiers.

Ex. 84. — Écrivez en chiffres les nombres suivants:

soixante-deux cerisiers,	*vingt-huit* unités,	*onze* clous,
soixante-douze noyers,	*quarante-sept* unités,	*vingt* unités,
quatre-vingt-huit noix,	*dix-huit* fûts,	*trente* unités.

DIXIÈME DIZAINE ET PREMIÈRE CENTAINE

§ 38. — Nous savons que **neuf dizaines** font **quatre-vingt-dix**

90

§ 39. — Nous allons former une dixième dizaine.

	Valeur des nombres		Nombres écrits en chiffres		
	Dizaines	Unités	Centaines	Dizaines	Unités
Quatre-vingt-dix et un font **quatre-vingt-onze**				9	1
Quatre-vingt-onze et un font **quatre-vingt-douze**				9	2
Quatre-vingt-douze et un font **quatre-vingt-treize**				9	3
Quatre-vingt-treize et un font **quatre-vingt-quatorze**				9	4
Quatre-vingt-quatorze et un font **quatre-vingt-quinze**				9	5
Quatre-vingt-quinze et un font **quatre-vingt-seize**				9	6
Quatre-vingt-seize et un font **quatre-vingt-dix-sept**				9	7
Quatre-vingt-dix-sept et un font **quatre-vingt-dix-huit**				9	8
Quatre-vingt-dix-huit et un font **quatre-vingt-dix-neuf**				9	9
Quatre-vingt-dix-neuf et un font **CENT**			1	0	0

§ **40.** — Lorsque la dixième dizaine a été complète, nous l'avons placée sur les neuf autres.

Nous avons eu alors **dix dizaines.**

Mais **dix dizaines** font une unité d'une nouvelle espèce, appelée **centaine.**

Nous plaçons cette centaine dans une boîte.

§ **41.** — La **centaine** est une **unité de troisième ordre**; c'est pour cela que nous la plaçons dans la **troisième colonne**, et que le chiffre **1**, qui la représente dans le nombre **100,** est au **troisième rang**, à partir de la droite.

Exercices oraux.

Ex. **85.** — Comptez de *soixante* à *cent.*

Ex. **86.** — Combien y a-t-il de mètres dans *une dizaine* de mètres? — dans *huit dizaines? — neuf dizaines? — dix dizaines?*

Ex. **87.** — A partir de quel côté compte-t-on les rangs dans un nombre écrit? — les *unités simples* sont des unités de quel ordre? — on les écrit à quel rang? — Les *dizaines* sont des unités de quel ordre? — on les écrit à quel rang? — les *centaines* sont des unités de quel ordre? — on les écrit à quel rang?

Ex. **88.** — Quels nombres forme-t-on avec

neuf dizaines et *neuf* unités? — avec *neuf dizaines* et *une dizaine?*

Ex. **89.** — Combien y a-t-il de *dizaines* et *d'unités* dans les nombres suivants :

soixante-quinze maisons?   *quatre-vingt-douze* habitants?

Ex. **90.** — Comptez par *deux* de *quatre-vingts* à *cent.*

Exercices au tableau.

Ex. **91.** — Lisez les nombres suivants, et écrivez-les en remplaçant les nombres écrits en chiffres par leurs noms en lettres :

65 encriers,   88 unités,   60 unités.

Ex. **92.** — Écrivez en chiffres les nombres suivants:

quatre-vingt-deux,   *quatre-vingt-douze,*   *cinquante.*

RÉCAPITULATION

§ 42. — I. Unités simples. — Les **neuf** premiers nombres sont appelés **unités simples** ou **unités du premier ordre**. Ils s'écrivent avec un **seul chiffre**.

§ 43. — Les chiffres qui les représentent sont appelés **chiffres significatifs**.

Ce sont : **1 2 3 4 5 6 7 8 9.**

§ 44. — II. Dizaines. — **Dix unités simples** font **une dizaine.**

Les **dizaines** sont des unités du **deuxième ordre**.

§ 45. — Il y a **neuf** nombres de dizaines, comme il y a **neuf** nombres d'unités simples.

Ce sont : **10 20 30 40 50 60 70 80 90.**

§ 46. — III. Usage du zéro. — Le zéro n'a point de valeur par lui-même, mais *il tient la place* des ordres qui manquent, et il donne de la valeur aux autres chiffres en leur faisant occuper le rang qui leur convient.

§ 47. — IV. Nombres intermédiaires. — Entre deux dizaines consécutives, il existe **neuf** nombres intermédiaires que l'on désigne en ajoutant, au nom de la première, les noms des **neuf** premiers nombres.

§ 48. — V. Centaines. — **Dix dizaines** font une **centaine**, ou **cent**, qu'on écrit . . . . **100.**

Les **centaines** sont des **unités du troisième ordre**.

§ 49. — Un nombre renfermant des **centaines** s'écrit avec **trois chiffres** : le chiffre qui représente les **centaines** se place au **troisième rang**, à partir de la droite : **100.**

Le chiffre des **dizaines** est au **second** rang, et celui des **unités simples** est au **premier** rang, à partir de la droite. Ex. **321.**

Exercices oraux.

Ex. 93. — Comptez de *quatre-vingts* à *cent* bûchettes,
— de *deux* à *vingt* noix, en prenant deux noix à la fois,
— de *vingt* à *quarante* châtaignes, également par deux,
— de *soixante* à *quatre-vingts* dragées, toujours par deux.

Ex. 94. — Quels nombres forme-t-on avec 2 dizaines ? — 4 dizaines ? — 6 dizaines? — 8 dizaines ? — 10 dizaines ? — 5 dizaines? — avec 7 dizaines d'œufs et 5 œufs? — 5 dizaines et 3 unités?

Ex. 95. — Décomposez en *dizaines* et en *unités* les nombres suivants :

vingt-six unités,   *soixante-dix-huit* unités?
quatre-vingt-douze unités,   *quatre-vingt-dix-neuf* unités.

Ex. 96. — A quel rang écrit-on les *dizaines*? — les *unités simples*? — De quel *ordre* sont les unités exprimées par le *deuxième chiffre* à partir de la droite? — par le *premier*? — par le *troisième*?

Ne pas oublier que lorsqu'on parle d'UNITÉS, sans désigner de quel ordre elles sont, il s'agit toujours des UNITÉS SIMPLES.

Exercices au tableau.

Ex. 97. — Lisez les nombres suivants et écrivez-les en remplaçant les nombres écrits en chiffres par leurs noms en lettres :

47 tonneaux,	65 unités,	37 unités,
70 barriques,	90 unités,	85 unités,
91 barils,	66 unités,	95 unités,
81 bouteilles.	77 unités.	62 unités.

Ex. 98. — Ecrivez en chiffres les nombres suivants :

soixante-douze chaussettes,   *quinze* unités,   *quatre-vingt-treize*,
quatre-vingt-six bas,   *quatre-vingt-quinze*,   *cinquante-huit*,
quatre-vingt-seize bottes,   *douze* cahiers,   *soixante-neuf*.

LES CENTAINES

§ 50. — On compte par **centaines** comme on a compté par **unités simples** et par **dizaines**, en disant : **une centaine, deux centaines, trois centaines**, etc.

Il y a **neuf** nombres de centaines, qui sont :

Une *centaine*, qu'on nomme **cent** et qu'on écrit		**100**
Deux *centaines* —	**deux cents** —	**200**
Trois *centaines* —	**trois cents** —	**300**
Quatre *centaines* —	**quatre cents** —	**400**
Cinq *centaines* —	**cinq cents** —	**500**
Six *centaines* —	**six cents** —	**600**
Sept *centaines* —	**sept cents** —	**700**
Huit *centaines* —	**huit cents** —	**800**
Neuf *centaines* —	**neuf cents** —	**900**

§ 51. — Entre deux nombres consécutifs de centaines, il y a **quatre-vingt-dix-neuf** nombres que l'on nomme en ajoutant, au nom de la centaine, les noms des **quatre-vingt-dix-neuf premiers nombres**.

EXEMPLES : Cent un, cent deux..., cent neuf..., cent vingt..., cent soixante..., cent quatre-vingts... qu'on écrit : **101 102 109 120 160 180**...

On remplace par un zéro les dizaines ou les unités qui manquent.

§ 52. — Les **neuf unités simples**, les **neuf dizaines** et les **neuf centaines** forment la **première classe** des nombres, ou la **classe des unités**.

§ 53. — Cette classe renferme **neuf cent quatre-vingt-dix-neuf nombres (999)**.

Exercices oraux.

Ex. 99. — Comptez par *dix*, de *dix* à *cent* bûchettes,
  — par *dix*, de *douze* à *quatre-vingt-douze* unités,
  — par *cinq*, de *cinq* à *cent* unités.

Ex. 100. — Combien font *deux dizaines* et *deux dizaines*?
  — *quatre dizaines* et *deux unités*?
  — *deux dizaines* et *trois dizaines*?

Ex. 101. — Quels nombres forme-t-on avec :

7 dizaines et 9 unités?	9 dizaines et 6 unités?
8 dizaines et 8 unités?	6 dizaines et 6 unités?
9 dizaines et 9 unités?	5 dizaines et 5 unités?

Ex. 102. — Décomposez les nombres suivants en dizaines et en unités simples :

soixante-quinze unités,	*quatre-vingt-trois* unités,
quatre-vingt-quatre unités,	*soixante-dix-neuf* unités,
quatre-vingt-quatorze unités,	*quatre-vingt-dix-neuf* unités.

Ex. 103. — Combien faut-il de chiffres pour écrire un nombre ne renfermant que des unités simples? — renfermant des dizaines? — pour écrire le nombre cent?

Quand on dit *tant* d'unités, sans désigner de quel ordre sont ces unités, de quelles unités veut-on parler?

Exercices au tableau.

Ex. 104. — Lisez les nombres suivants, et écrivez-les en remplaçant les nombres en chiffres par leurs noms en lettres :

89 francs,	82 unités,	12 unités,
99 litres,	92 livres,	82 pommes;
74 mètres,	67 unités,	92 unités.

Ex. 105. — Écrivez en chiffres les nombres suivants :

quatre-vingt-six,	*soixante-trois*,	*cinquante-sept*,
quatre-vingt-seize,	*soixante-treize*,	*quatre-vingt-dix*,
soixante et un,	*quatre-vingt-cinq*,	*soixante-dix-sept*.

3.

Exercices oraux.

Ex. 106. Comptez par *centaines* de *cent* à *neuf cents*,
　　—　　par *unités* de *cent* à *cent vingt*,
　　—　　par *dizaines* de *cent* à *deux cents*.
　　—　　par *dizaines* de *deux cents* à *trois cents*.

Ex. 107. — Combien y a-t-il de *dizaines* dans *une centaine?* — *deux centaines?* — *trois centaines?* — *quatre centaines?*

Ex. 108. — Quels nombres forme-t-on avec *une centaine?* — *Cinq centaines?* — *Sept centaines?* — *Huit centaines?*

avec *une centaine, une* dizaine et *cinq* unités?
　　— *deux* centaines, *quatre* dizaines et *huit* unités?
　　— *cinq* centaines, *six* dizaines et *deux* unités?
　　— *huit* centaines et *huit* unités.

Ex. 109. — Décomposez en *centaines, dizaines* et *unités* les nombres suivants :

　deux cent treize unités,　*quatre cent cinquante-trois* unités,
　cent vingt-cinq unités,　*sept cent quatre-vingt-cinq* unités.

Ex. 110. — Combien faut-il de chiffres pour écrire un nombre renfermant des *centaines?* — A quel rang place-t-on le chiffre des *centaines?* — celui des *dizaines?* — celui des *unités simples?*

Exercices au tableau.

Ex. 111. — Lisez les nombres suivants et écrivez-les en remplaçant les nombres en chiffres par leurs noms en lettres:

200 hommes,	713 unités,	849 unités,
600 soldats,	442 unités,	948 livres,
328 ouvriers,	897 unités,	777 unités,
749 élèves.	534 unités.	407 cahiers.

Ex. 112. — Écrivez en chiffres les nombres suivants:

cent vingt-quatre cahiers,	quatre cent sept unités,
deux cent trente-cinq feuilles,	huit cent trois unités,
six cent douze volumes,	six cent quatre-vingt-deux unités,
huit cent quarante-cinq plumes.	neuf cent cinquante-trois unités.

Exercices oraux.

Ex. 113. — Comptez par *unités* de *deux cents* à *deux cent trente,*

— — de *sept cents* à *sept cent vingt,*

— par *dizaines* de *quatre cents* à *cinq cents,*

— — de *cinq cent cinquante* à *six cents.*

Nommez les *neuf* nombres de *centaines complètes.*

Ex. 114. — Quels nombres forme-t-on avec

une centaine et *huit* unités?

trois centaines, *deux* dizaines et *cinq* unités?

six centaines, *quatre* dizaines et *huit* unités?

huit centaines, *neuf* dizaines et *deux* unités?

Ex. 115. — Décomposez en *centaines, dizaines* et *unités* les nombres suivants :

cent quarante-cinq unités,   *deux cent seize* unités,

six cent huit unités,   *neuf cent quatre-vingt-dix-neuf* unités.

Ex. 116. — A partir de quel côté compte-t-on les rangs dans un nombre écrit en chiffres? — Comment remplace-t-on un ordre qui manque? — Combien manque-t-il d'ordres dans un nombre ne renfermant que des centaines comme *trois cents?*

Exercices au tableau.

Ex. 117. — Lisez les nombres suivants, et écrivez-les en remplaçant les nombres en chiffres par leurs noms en lettres :

115 unités,	478 unités,	567 unités,
279 —	568 —	487 —
483 —	802 —	697 —
892 —	208 —	375 —

Ex. 118. — Écrivez en chiffres les nombres suivants :

cent trente-six unités,   *huit cent quatre-vingt-douze* unités,

trois cent quarante-cinq unités,   *neuf cent quatre-vingt-dix* unités,

sept cent huit unités,   *sept cent dix-sept* unités,

neuf cent quatre-vingts unités,   *trois cent quatre-vingt-neuf* unités,

sept cent soixante-dix unités,   *neuf cent neuf* unités,

sept cent sept unités,   *huit cent vingt* unités.

CLASSE DES MILLE.

§ 54. — Si l'on ajoute une unité à *neuf cent quatre-vingt-dix-neuf*, on complète la **dixième** centaine, et l'on a **dix centaines**.

Dix centaines forment le nombre **mille**.

§ 55. — Le mille est l'unité de la **deuxième classe**, appelée **classe des mille**.

§ 56. — La classe des mille renferme trois ordres, comme la classe des unités simples : **neuf** unités de mille, **neuf** dizaines de mille, **neuf** centaines de mille.

§ 57. — Comme la classe des unités simples, la classe des mille renferme *neuf cent quatre-vingt-dix-neuf nombres*.

§ 58. — Pour avoir les noms de ces *999 nombres* de mille, il suffit de placer le mot *mille* après chacun des noms des *999 nombres de la première classe*.

§ 59. — On écrit la classe des mille à gauche de la première classe, qui doit *toujours* être représentée par trois chiffres.

§ 60. — UNITÉS DE MILLE.

		Classe des mille (centaines dizaines unités)	Classe des unités (centaines dizaines unités)
Une	*unité de mille* forme le nombre **un mille** qu'on écrit		..1 000
Deux	*unités de mille* forment le nombre **deux mille**	—	..2 000
Trois	*unités de mille* —	**trois mille** —	..3 000
Quatre	*unités de mille* —	**quatre mille** —	..4 000
Cinq	*unités de mille* —	**cinq mille** —	..5 000
Six	*unités de mille* —	**six mille** —	..6 000
Sept	*unités de mille* —	**sept mille** —	..7 000
Huit	*unités de mille* —	**huit mille** —	..8 000
Neuf	*unités de mille* —	**neuf mille** —	..9 000

§ 61. — DIZAINES DE MILLE.

Dix unités de mille font **une dizaine de mille,** comme **dix** unités simples font **une dizaine** simple.

			Classe des mille	Classe des unités
			centaines dizaines unités	centaines dizaines unités
Une	*dizaine*	**dix mille**		.**10** 000
Deux	*dizaines*	**vingt mille**		.**20** 000
Trois	*dizaines*	**trente mille**		.**30** 000
Quatre	*dizaines*	**quarante mille**		.**40** 000
Cinq	*dizaines*	**cinquante mille**		.**50** 000
Six	*dizaines*	**soixante mille**		.**60** 000
Sept	*dizaines*	**soixante-dix mille**		.**70** 000
Huit	*dizaines*	**quatre-vingt mille**		.**80** 000
Neuf	*dizaines*	**quatre-vingt-dix mille**		.**90** 000

forment le nombre de mille

qu'on écrit

§ 62. — CENTAINES DE MILLE.

Dix dizaines de mille font **une centaine de mille,** comme **dix** dizaines simples font **une centaine simple.**

Une	*centaine*	**cent mille**	**100** 000
Deux	*centaines*	**deux cent mille**	**200** 000
Trois	*centaines*	**trois cent mille**	**300** 000
Quatre	*centaines*	**quatre cent mille**	**400** 000
Cinq	*centaines*	**cinq cent mille**	**500** 000
Six	*centaines*	**six cent mille**	**600** 000
Sept	*centaines*	**sept cent mille**	**700** 000
Huit	*centaines*	**huit cent mille**	**800** 000
Neuf	*centaines*	**neuf cent mille**	**900** 000

forment le nombre de mille

qu'on écrit

Exercices oraux.

Ex. 119. — Comptez, par *unités de mille*, de *un* mille à *cent* mille,
— , par *dizaines de mille*, de *dix* mille à *cent* mille,
— par *centaines de mille*, de *cent* mille à *neuf cent* mille.

Ex. 120. — Nommez les *9* nombres d'*unités de mille*? — les *9* nombres de *dizaines de mille*? — les *9* nombres de *centaines de mille*?

Ex. 121. — Quels nombres forme-t-on avec :

3 dizaines de mille et 5 unités de mille?
8 centaines de mille et 2 dizaines de mille?
9 centaines de mille et 7 unités de mille?

Ex. 122. — Décomposez en *centaines, dizaines* et *unités de mille* les nombres suivants :

trois cent quarante-six mille livres,
cinq cent trois mille hommes,
neuf cent soixante-dix-huit mille cahiers.

Ex. 123. — A quel rang des classes s'écrit la classe des mille? Pour que le nombre qui représente la classe des mille exprime réellement des mille, combien faut-il qu'il y ait de chiffres à sa droite? — La classe des mille renferme combien d'ordres?

Exercices au tableau.

Ex. 124. — Lisez les nombres suivants et écrivez-les en remplaçant les nombres en chiffres par leurs noms en lettres :

9.000 unités.	207.000 unités.	4.000 unités.
54.000 —	594.000 —	45.000 —
82.000 —	899.000 —	600.000 —
902.000 —	74.000 —	999.000 —

Ex. 125. — Écrivez en chiffres les nombres suivants :

trente-quatre mille moutons,   *trois cent cinquante mille* unités,
cent cinquante-deux mille francs, *deux cent sept mille* hommes,
quinze mille unités,   *neuf cent quatre-vingt-dix-sept*
douze mille unités,   *mille* volumes.

Exercices oraux.

Ex. 126. — 1° Comptez par *unités simples* :

de *mille* francs à *mille cinquante* francs,
de *deux mille cinquante* grammes à *deux mille cent* grammes,
de *vingt mille* unités à *vingt mille, trente* unités.

Ex. 127. — 2° Quels nombres forme-t-on avec :

4 unités de mille et 5 unités simples ?
6 dizaines de mille et 4 unités simples ?
3 dizaines de mille et 2 unités simples ?

Ex. 128. — 3° Décomposez en centaines, dizaines et unités de chaque classe les nombres suivants :

quatre mille quatre-vingt-deux plumes,
cinquante-six mille huit cent trois francs,
cent deux mille six cent trente unités,
sept cent mille huit cent cinq unités.

Exercices au tableau.

Rappelons-nous que chaque classe renferme trois ordres : des unités, des dizaines et des centaines.

La classe des mille peut n'être pas complète ; elle peut n'avoir qu'un ou deux chiffres ; mais, dans un nombre écrit en chiffres et renfermant des mille, *la classe simple* doit *toujours* avoir *trois chiffres*, qui sont ou des chiffres significatifs ou des zéros.

Ex. 129. Lisez les nombres suivants :

5.248 élèves,	74.008 unités,	58.438 unités,
46.256 hommes,	5.050 —	9.999 —
237.463 francs,	50.005 —	66.245 —
102.308 unités,	740.608 —	370.091 —

Ex. 130. — Écrivez en chiffres les nombres suivants

Trente mille deux cent quarante-huit unités,
quatre mille six cent deux unités,
sept cent deux mille huit cent trente unités,
neuf cent cinquante-deux mille vingt unités,
quatre-vingt-douze mille quatre unités.

CLASSE DES MILLIONS

§ 63. — **Dix centaines de mille font un million.**

§ 64. — Le **million** est l'unité de la **troisième classe**, appelée **classe des millions**.

§ 65. — La classe des millions renferme aussi trois ordres : des **unités**, des **dizaines** et des **centaines**.

§ 66. — Pour avoir les noms des *999 nombres de millions*, il suffit de placer le mot **million** après chacun des *999 nombres de la première classe.*

			Classe des millions	Classe des mille	Classe des unités
			centaines dizaines unités	centaines dizaines unités	centaines dizaines unités

§ 67. — Unités de millions.

Une	*unité*	un million	qu'on écrit	..	1 000 000
Deux	*unités*	deux millions		..	2 000 000
Trois	*unités*	trois millions		..	3 000 000
Quatre	*unités*	quatre millions		..	4 000 000
Cinq	*unités*	cinq millions		..	5 000 000
Six	*unités*	six millions		..	6 000 000
Sept	*unités*	sept millions		..	7 000 000
Huit	*unités*	huit millions		..	8 000 000
Neuf	*unités*	neuf millions		..	9 000 000

forment le nombre de millions

§ 68. — Dizaines de millions.

Une	*dizaine*	dix millions	qu'on écrit	.	10 000 000
Deux	*dizaines*	vingt millions		.	20 000 000
Trois	*dizaines*	trente millions		.	30 000 000
Quatre	*dizaines*	quarante millions		.	40 000 000
Cinq	*dizaines*	cinquante millions		.	50 000 000
Six	*dizaines*	soixante millions		.	60 000 000
Sept	*dizaines*	soixante-dix millions		.	70 000 000
Huit	*dizaines*	quatre-vingt millions		.	80 000 000
Neuf	*dizaines*	quatre-vingt-dix millions		.	90 000 000

forment le nombre de millions

§ 69. — Centaines de millions.

Une	*centaine*	cent millions	qu'on écrit	100 000 000
Deux	*centaines*	deux cent millions		200 000 000
Trois	*centaines*	trois cent millions		300 000 000
Quatre	*centaines*	quatre cent millions		400 000 000
Cinq	*centaines*	cinq cent millions		500 000 000
Six	*centaines*	six cent millions		600 000 000
Sept	*centaines*	sept cent millions		700 000 000
Huit	*centaines*	huit cent millions		800 000 000
Neuf	*centaines*	neuf cent millions		900 000 000

forment le nombre de millions

Exercices oraux.

Ex. 131. — Comptez par *unités de millions,* de *un* million à *trente* millions,

— par *dizaines de millions,* de *dix* millions à *cent* millions,

— par *centaines de millions,* de *cent* millions à *neuf cent* millions.

— Nommez les **9** nombres *d'unités de millions,*

— les **9** nombres de *dizaines de millions,*

— les **9** nombres de *centaines de millions.*

Ex. 132. — Quels nombres forme-t-on avec

4 dizaines de millions et 3 unités de millions?

5 centaines de millions et 6 unités de millions?

Ex. 133. — Décomposez en *centaines, dizaines* et *unités* de *millions* les nombres suivants :

quarante-huit millions de francs, — *cent trente-huit millions* d'unités.

Ex. 134. — Comptez par *cinq mille* à la fois, de *cinq mille* à *cent mille,*

— par *cinq millions* à la fois, de *cinq millions* à *cent millions.*

La classe des millions peut n'être pas complète; mais elle doit *toujours* avoir à sa droite la classe des mille et la classe des unités, représentées *chacune* par *trois chiffres :* ce qui fait *six chiffres,* à *droite des millions.*

Ex. 135. — A quel rang des classes écrit-on la classe des millions?

Exercices au tableau.

Ex. 136. — Lisez les nombres suivants, et écrivez-les en remplaçant les nombres en chiffres par leurs noms en lettres :

7.000.000 unités   4.564.608 unités   43.024.974 unités.

42.000.000 —   25.743.634 —   7.500.892 —

Ex. 137. — Écrivez en chiffres les nombres suivants :

46 millions de francs,   37 millions, 49 mille, 146 unités,

5 millions, 500 mille, 362 mètres,   6 millions, 7 mille, 778 unités.

RÉSUMÉ DE LA NUMÉRATION DES NOMBRES ENTIERS

§ 70. — Principes de la numération parlée.

— *La numération parlée repose sur* **deux principes** :

1º **Dix** *unités d'un ordre quelconque en font* **une** *de l'ordre immédiatement supérieur.*

EXEMPLE : **Dix** unités simples font **une** dizaine simple; **dix** *dizaines font* une *centaine.*

2º *Une classe renferme* **trois ordres** : *des unités, des dizaines et des centaines.*

§ 71. — Principes de la numération écrite.

— *La numération écrite repose également sur* **deux principes** :

1º *Tout chiffre placé à la gauche d'un autre, représente des unités* **dix** *fois plus fortes que* **celles** *de cet autre chiffre.*

EXEMPLE : Dans le nombre 45, le chiffre 4, placé à la gauche du chiffre 5, représente des dizaines, tandis que le chiffre 5 ne représente que des unités simples.
Chaque unité du chiffre 4 est donc **dix** fois plus forte qu'une unité du chiffre 5.

§ 72. — On peut dire aussi : *tout chiffre placé à la droite d'un autre, représente des unités* **dix** *fois plus petites que* **celles** *de cet autre chiffre.*

2º **Le zéro.** *Le zéro n'a point de valeur par lui-même; il remplace les ordres qui manquent, et donne de la valeur aux chiffres significatifs en conservant leurs rangs.*

§ 73. Lecture des nombres.

Règle. *Pour lire un nombre de plus de trois chiffres, on le sépare en tranches de trois chiffres* **à partir de la droite,** *sauf à ne laisser qu'un ou deux chiffres à la dernière tranche à gauche; puis, commençant par la gauche, on lit successivement chaque tranche,* **comme si elle était seule,** *en lui donnant le nom de la classe qu'elle représente.*

EXEMPLE : **42 218 907** se lit : **42** *millions,* **218** *mille,* **907** *unités.*

§ 74. Écriture des nombres.

RÈGLE. *Pour écrire les nombres, on commence par les plus fortes unités.*

1° *Si le nombre donné ne renferme que des unités simples, il suffit d'écrire le chiffre qui représente ce nombre.*

EXEMPLE : *Cinq* s'écrit : **5.**

2° *Si les plus fortes unités du nombre donné sont des dizaines, on écrit d'abord le chiffre des dizaines, puis à sa droite, les unités simples ou le zéro qui en tient lieu.*

EXEMPLE : *Trente-quatre* s'écrit : **34.**

3° *Si les plus fortes unités du nombre sont des centaines, on écrit d'abord le chiffre des centaines, puis celui des dizaines où le zéro qui les remplace, et enfin les unités ou le zéro qui en tient lieu.*

EXEMPLE : *Six cent deux* s'écrit : **602.**

4° *Si le nombre donné renferme des unités plus grandes que les centaines, on écrit d'abord, en allant de gauche à droite, la classe la plus élevée, comme si elle devait être seule; puis, à sa droite, la classe immédiatement inférieure ou les zéros qui la remplacent, et ainsi de suite, en terminant par la classe des unités simples.*

EXEMPLE : *Quarante-deux millions, six cent cinq mille, vingt-cinq unités.*

Nous écrivons d'abord le nombre **42**, qui doit représenter la classe des millions, comme s'il devait être seul.

Mais la classe des millions est la troisième. Pour marquer son rang, nous représentons provisoirement les deux autres classes, chacune par un groupe de **trois points** (**42** ....).

Puis, à droite du nombre **42**, sur le deuxième groupe de trois points, nous écrivons le nombre **605**, qui doit représenter la classe des mille (**42·605** ...) et, à droite de ce dernier nombre, nous écrivons **25**, qui représente la classe des unités simples.

Mais, avant d'écrire le nombre **25**, nous remarquons qu'il n'y a pas de centaines; nous les remplaçons par un zéro et nous écrivons : **42 605 025**.

§ 75. — Tableau synoptique des classes et des ordres.

Millions			Mille			Unités simples		
TROISIÈME CLASSE			DEUXIÈME CLASSE			PREMIÈRE CLASSE		
9e ordre	8e ordre	7e ordre	6e ordre	5e ordre	4e ordre	3e ordre	2e ordre	1er ordre
Centaines de millions	Dizaines de millions	Unités de millions	Centaines de mille	Dizaines de mille	Unités de mille	Centaines simples	Dizaines simples	Unités simples

EXERCICES PAR 2

Ex. 138. — Comptez par 2 à partir de 2

(Nombres *pairs*.)

2 et 2 font   4
4 — 2 —   6
6 — 2 —   8
8 — 2 — 10

---

10 et 2 font 12
12 — 2 — 14
14 — 2 — 16
16 — 2 — 18
18 — 2 — 20

---

20 et 2 font 22
22 — 2 — 24
24 — 2 — 26
26 — 2 — 28
28 — 2 — 30

Ex. 139. — Comptez par 2 à partir de 1

(Nombres *impairs*.)

1 et 2 font   3
3 — 2 —   5
5 — 2 —   7
7 — 2 —   9
9 — 2 — 11

---

11 et 2 font 13
13 — 2 — 15
15 — 2 — 17
17 — 2 — 19
19 — 2 — 21

EXERCICES PAR 5

Ex. 140. — Comptez par 5 à partir de 5

5 et 5 font 10
10 — 5 — 15
15 — 5 — 20
20 — 5 — 25

---

25 et 5 font 30
30 — 5 — 35
35 — 5 — 40
40 — 5 — 45
45 — 5 — 50

Ex. 141. — Comptez par 5 à partir de 2

2 et 5 font   7
7 — 5 — 12
12 — 5 — 17
17 — 5 — 22
22 — 5 — 27

Ex. 142. — Éléments du nombre 5.

1 et 4 font 5
2 — 3 — 5
3 — 2 — 5
4 — 1 — 5

---

5 moins 1 font 4
5 — 2 — 3
5 — 3 — 2
5 — 4 — 1

NOTE. — Le calcul *mental et oral* a pour but d'habituer les élèves à calculer avec promptitude et sûreté. Le maître n'attendra pas que les élèves aient fait un exercice tout entier pour passer au suivant. Il devra continuer ces exercices plus loin que nous ne l'avons fait ici.

EXERCICES PAR 3	EXERCICES PAR 4
Ex. 143. — Comptez par 3 à partir de 3	**Ex. 146.** — Comptez par 4 à partir de 4
3 et 3 font 6	4 et 4 font 8
6 — 3 — 9	8 — 4 — 12
9 — 3 — 12	12 — 4 — 16
12 — 3 — 15	16 — 4 — 20
——	——
15 et 3 font 18	20 et 4 font 24
18 — 3 — 21	24 — 4 — 28
21 — 3 — 24	28 — 4 — 32
24 — 3 — 27	32 — 4 — 36
27 — 3 — 30	36 — 4 — 40
Ex. 144. — Comptez par 3 à partir de 2	**Ex. 147.** — Comptez par 4 à partir de 3
2 et 3 font 5	3 et 4 font 7
5 — 3 — 8	7 — 4 — 11
8 — 3 — 11	11 — 4 — 15
11 — 3 — 14	15 — 4 — 19
14 — 3 — 17	19 — 4 — 23

Ex. 145. — ÉLÉMENTS DU NOMBRE 3		**Ex. 148.** — ÉLÉMENTS DU NOMBRE 4	
1 et 2 font 3	3 moins 1 font 2	1 et 3 font 4	4 moins 1 font 3
2 — 1 — 3	3 — 2 — 1	2 — 2 — 4	4 — 2 — 2
		3 — 1 — 4	4 — 3 — 1

Lorsque les élèves sont arrivés à une certaine force, il faut les faire compter en employant le moins de mots possible.

Exemple : 3 et 3, 6 — et 3, 9 — et 3, 12 — et 3, 15, etc.

Plus tard, on ne répètera même pas le nom du chiffre à additionner.

Exemple : 3, — 6, — 9, — 12, etc.

EXERCICES PAR 6	EXERCICES PAR 7

Ex. 149.— Comptez par 6 à partir de 6

6 et 6 font 12
12 — 6 — 18
18 — 6 — 24
24 — 6 — 30

Ex. 153.— Comptez par 7 à partir de 7

7 et 7 font 14
14 — 7 — 21
21 — 7 — 28
28 — 7 — 35

Ex. 150.— Comptez par 6 à partir de 2

2 et 6 font 8
8 — 6 — 14
14 — 6 — 20
20 — 6 — 26
26 — 6 — 32

Ex. 154.— Comptez par 7 à partir de 3

3 et 7 font 10
10 — 7 — 17
17 — 7 — 24
24 — 7 — 31
31 — 7 — 38

Ex. 151.— Comptez par 6 à partir de 3

3 et 6 font 9
9 — 6 — 15
15 — 6 — 21
21 — 6 — 27
27 — 6 — 33

Ex. 155.— Comptez par 7 à partir de 2

2 et 7 font 9
9 — 7 — 16
16 — 7 — 23
23 — 7 — 30
30 — 7 — 37

Ex. 152. - ÉLÉMENTS DU NOMBRE 6

1 et 5 font 6	6 moins 1 font 5
2 — 4 — 6	6 — 2 — 4
3 — 3 — 6	6 — 3 — 3
4 — 2 — 6	6 — 2 — 4
5 — 1 — 6	6 — 1 — 5

Ex. 156. - ÉLÉMENTS DU NOMBRE 7

1 et 6 font 7	7 moins 1 font 6
2 — 5 — 7	7 — 2 — 5
3 — 4 — 7	7 — 3 — 4
4 — 3 — 7	7 — 4 — 3
5 — 2 — 7	7 — 5 — 2
6 — 1 — 7	7 — 6 — 1

§ 76. — *Le complément d'un nombre plus petit que* **10** *est le nombre qu'il faut lui ajouter pour compléter la* **dizaine.**

Le complément de **1** est **9** | Le complément de **4** est **6** | Le complément de **7** est **3**
Le complément de **2** est **8** | Le complément de **5** est **5** | Le complément de **8** est **2**
Le complément de **3** est **7** | Le complément de **6** est **4** | Le complément de **9** est **1**

La connaissance des compléments est très utile.

EXEMPLE : Combien font **8** et **7** ?

Nous prenons, sur **7**, le complément de **8**, qui est **2**, pour former une *dizaine*; il reste **5**, que nous ajoutons à la *dizaine formée*, et nous obtenons **15**; **8** et **7** font **15**.

EXERCICES PAR **8**	EXERCICES PAR **9**

Ex. 157. — Comptez par **8** à partir de **8**

8 et 8 font 16
16 — 8 — 24
24 — 8 — 32
32 — 8 — 40

Ex. 161. — Comptez par **9** à partir de **9**

9 et 9 font 18
18 — 9 — 27
27 — 9 — 36
36 — 9 — 45

Ex. 158. — Comptez par **8** à partir de **4**

4 et 8 font 12
12 — 8 — 20
20 — 8 — 28
28 — 8 — 36
36 — 8 — 44

Ex. 162. — Comptez par **9** à partir de **3**

3 et 9 font 12
12 — 9 — 21
21 — 9 — 30
30 — 9 — 39
39 — 9 — 48

Ex. 159. — Comptez par **8** à partir de **5**

5 et 8 font 13
13 — 8 — 21
21 — 8 — 29
29 — 8 — 37
37 — 8 — 45

Ex. 163. — Comptez par **9** à partir de **4**

4 et 9 font 13
13 — 9 — 22
22 — 9 — 31
31 — 9 — 40
40 — 9 — 49

Ex. 160. — Éléments du nombre **8.**

1 et 7 font 8	8 moins 1 font 7
2 — 6 — 8	8 — 2 — 6
3 — 5 — 8	8 — 3 — 5
4 — 4 — 8	8 — 4 — 4
5 — 3 — 8	8 — 5 — 3
6 — 2 — 8	8 — 6 — 2
7 — 1 — 8	8 — 7 — 1

Ex. 164. — Éléments du nombre **9.**

1 et 8 font 9	9 moins 1 font 8
2 — 7 — 9	9 — 2 — 7
3 — 6 — 9	9 — 3 — 6
4 — 5 — 9	9 — 4 — 5
5 — 4 — 9	9 — 5 — 4
6 — 3 — 9	9 — 6 — 3
7 — 2 — 9	9 — 7 — 2
8 — 1 — 9	9 — 8 — 1

REMARQUE. — Lorsqu'on veut ajouter **8** à un nombre terminé par un chiffre plus grand que **1**, on obtient le total en ajoutant **1** au chiffre des dizaines, et en retranchant **2** au chiffre des unités.
EXEMPLE : **43** et **8** font **51.**

REMARQUE. — Lorsqu'on veut ajouter **9** à un nombre qui n'est pas terminé par un **zéro**, on obtient le total en ajoutant **1** au chiffre des dizaines, et en retranchant **1** au chiffre des unités.
EXEMPLE : **34** et **9** font **43.**

ADDITION

§ 77. — Premier cas. — Addition d'un nombre quelconque et d'un nombre d'un seul chiffre, sans retenue.

Paul a **4** billes . . . . ⦿⦿⦿⦿ **4**

Sa mère lui en donne **3**. . . . ⦿⦿⦿ **3**

Combien en a-t-il en tout ?

Il en a . . . . ⦿⦿⦿⦿⦿⦿⦿ **7**

Pour trouver le résultat, **7** *billes*, nous avons réuni les unités de deux nombres, **4** et **3**, en un seul, qui est **7**.

Cette opération s'appelle **addition**.

Au lieu de réunir seulement deux nombres, on pourrait en réunir trois, quatre ou cinq, et même davantage. L'opération serait également une *addition*.

§ 78. — Définition. — *L'addition est une opération par laquelle* **on réunit deux ou plusieurs nombres** *de même espèce* **en un seul**.

Le résultat de l'addition se nomme **somme** ou **total**.

Dans notre exemple, **7** est la somme ou le total.

§ 79. — Signe de l'addition. — On indique une addition en plaçant une petite croix (**+**) entre les nombres à additionner. Cette croix s'énonce *plus*.

Exemple. — L'expression **4 + 3** signifie que le nombre **4** doit être augmenté de **3** unités, et s'énonce : **4** *plus* **3**.

4

§ 80. — Signe de l'égalité. — Le signe formé de deux petits traits horizontaux, placés l'un au-dessous de l'autre, s'énonce *égale*.

Exemple. — L'expression **4** + **3** = **7**, s'énonce **4** *plus* **3** *égale* **7**.

§ 81. — Pour faire l'addition, il faut savoir par cœur la table suivante.

Table d'addition.

1 et 1 font 2	4 et 1 font 5	7 et 1 font 8
1 — 2 — 3	4 — 2 — 6	7 — 2 — 9
1 — 3 — 4	4 — 3 — 7	7 — 3 — 10
1 — 4 — 5	4 — 4 — 8	7 — 4 — 11
1 — 5 — 6	4 — 5 — 9	7 — 5 — 12
1 — 6 — 7	4 — 6 — 10	7 — 6 — 13
1 — 7 — 8	4 — 7 — 11	7 — 7 — 14
1 — 8 — 9	4 — 8 — 12	7 — 8 — 15
1 — 9 — 10	4 — 9 — 13	7 — 9 — 16
2 et 1 font 3	5 et 1 font 6	8 et 1 font 9
2 — 2 — 4	5 — 2 — 7	8 — 2 — 10
2 — 3 — 5	5 — 3 — 8	8 — 3 — 11
2 — 4 — 6	5 — 4 — 9	8 — 4 — 12
2 — 5 — 7	5 — 5 — 10	8 — 5 — 13
2 — 6 — 8	5 — 6 — 11	8 — 6 — 14
2 — 7 — 9	5 — 7 — 12	8 — 7 — 15
2 — 8 — 10	5 — 8 — 13	8 — 8 — 16
2 — 9 — 11	5 — 9 — 14	8 — 9 — 17
3 et 1 font 4	6 et 1 font 7	9 et 1 font 10
3 — 2 — 5	6 — 2 — 8	9 — 2 — 11
3 — 3 — 6	6 — 3 — 9	9 — 3 — 12
3 — 4 — 7	6 — 4 — 10	9 — 4 — 13
3 — 5 — 8	6 — 5 — 11	9 — 5 — 14
3 — 6 — 9	6 — 6 — 12	9 — 6 — 15
3 — 7 — 10	6 — 7 — 13	9 — 7 — 16
3 — 8 — 11	6 — 8 — 14	9 — 8 — 17
3 — 9 — 12	6 — 9 — 15	9 — 9 — 18

§ 82. — **Deuxième cas.** — Addition de nombres de plusieurs chiffres, sans retenue.

Additionnons **25** bûchettes **25**

avec **12** bûchettes. **12**

Total. **37**

§ 83. — Nous devons réunir les deux nombres **25** et **12** en un seul.

1° Opérons d'abord avec les bûchettes, et *commençons par les bûchettes simples.* Nous dirons : **5** bûchettes et **2** font **7** bûchettes. Réunissons ensuite les *dizaines* : **2** dizaines de bûchettes et **1** autre dizaine font **3** dizaines.

Le total est **3** dizaines de bûchettes et **7** bûchettes, c'est-à-dire, **37** bûchettes.

§ 84. — 2° Opérons de la même manière avec les nombres écrits en chiffres. *Commençons par les unités simples.* Nous dirons : **5** unités simples et **2** font **7** unités.

Nous écrivons **7** au-dessous, au rang des *unités.*

Additionnons ensuite les *dizaines* : **2** dizaines et **1** font **3** dizaines. Nous écrivons **3** au-dessous, au rang des *dizaines.*

Nous obtenons le même total : **3** dizaines et **7** unités, ou **37** unités.

§ 85. — *Donc,* pour faire l'addition de nombres écrits en chiffres, on commence par la droite et *on additionne d'abord les unités.* On additionne ensuite les *dizaines* et les *centaines,* en allant toujours de la droite à la gauche.

REMARQUE. — Pour que cette opération soit plus facile, on place les nombres à additionner les uns sous les autres, de manière que les *unités* soient sous les *unités,* les *dizaines* sous les *dizaines* et les *centaines* sous les *centaines.*

On tire un trait au-dessous pour les séparer du total.

Ex. 165. — Faites les additions suivantes

21	15	42	45	62	81	30	40	52
35	32	14	24	35	16	15	34	46
56	47	56	69	97	97	45	74	98

Ex. 166 :

40	52	41	50	25	64	2
35	15	22	4	10	11	35
23	21	16	22	3	23	41
98	88	79	76	38	98	78

Ex. 167 :

203	340	206	600	47	224
315	126	41	31	300	430
471	221	512	5	12	41
989	687	759	636	359	695

Ex. 168. — Faites les additions suivantes en écrivant vous-mêmes les nombres les uns au-dessous des autres.

$$23 + 34 = 57 \qquad 81 + 18 = 99 \qquad 34 + 42 = 76$$
$$52 + 16 = 68 \qquad 75 + 13 = 88 \qquad 52 + 26 = 78$$

Ex. 169 :

$$226 + 341 = 567 \qquad 319 + 450 = 769 \qquad 623 + 175 = 798$$
$$245 + 632 = 877 \qquad 142 + 356 = 498 \qquad 324 + 523 = 847$$

Ex. 170 :

$$12 + 43 + 23 = 78 \qquad 54 + 12 + 32 = 98$$
$$43 + 23 + 22 = 88 \qquad 2 + 42 + 22 = 66$$
$$30 + 25 + 11 = 66 \qquad 30 + 5 + 43 = 78$$

Ex. 171 :

$$561 + 102 + 224 = 887 \qquad 346 + 221 + 112 = 679$$
$$323 + 124 + 241 = 688 \qquad 332 + 122 + 224 = 678$$
$$201 + 132 + 335 = 668 \qquad 273 + 310 + 15 = 598$$

Ex. 172 :

$$165 + 212 + 422 = 799 \qquad 356 + 201 + 32 = 589$$
$$214 + 143 + 542 = 899 \qquad 404 + 92 + 102 = 598$$
$$321 + 123 + 213 = 657 \qquad 143 + 402 + 343 = 888$$

Problèmes sur l'addition du deuxième cas.

§ 86. — EXEMPLE. Paul a gagné 33 bons points, André 24, et Joseph 12. Combien en ont-ils gagné en tout ?

33
24
12
_____
69

SOLUTION. — *Pour trouver le nombre de bons points gagnés par ces élèves, il faut réunir les trois nombres de bons points en un seul, par une addition.*

RÉPONSE : **69** *bons points.*

Ex. 173. — Julien a 32 billes, Louis en a 24, et Etienne 31. Combien en ont-ils en tout ? — **R.** 87 billes.

Ex. 174. — Un épicier a vendu pour 41 francs de marchandises un certain jour, pour 23 francs un autre jour, et pour 14 francs un troisième jour. Quel a été le total de sa vente pendant ces trois jours ? — **R.** 78 francs.

Ex. 175. — Une fermière va au marché avec 3 francs dans sa bourse ; elle vend pour 12 francs de beurre et pour 32 francs de poulets. Quelle somme a-t-elle en revenant du marché ? — **R.** 47 francs.

Ex. 176. — Trois ouvriers ont fait un fossé : le premier en a fait 25 mètres, le deuxième 30 mètres, et le troisième 32 mètres. Quelle est la longueur totale du fossé ? — **R.** 87 mètres.

Ex. 177. — On achète une armoire 142 francs, un buffet 112 francs et une table 35 francs. Combien a-t-on payé ces trois meubles ? — **R.** 289 francs.

Ex. 178. — Un marchand d'étoffe vend pour 204 francs de drap, puis pour 142 francs, ensuite pour 311 francs. Quelle somme a-t-il reçue en tout ? — **R.** 657 francs.

Ex. 179. — Quelle est la contenance totale de trois pièces de vin, si la première contient 222 litres, la deuxième 215 litres, et la troisième 230 litres ? — **R.** 667 litres.

Ex. 180. — Pour réparer une maison, on a payé 215 francs au couvreur, 210 francs au maçon, 140 francs au menuisier, et 102 francs au serrurier. Quel est le montant de la dépense ? — **R.** 667 francs.

4.

§ 87. — Troisième cas. — Addition de nombres quelconques.

Additionnons 37 bûchettes 37

avec   15 bûchettes 15

        Total.   52

§ 88. — 1° Opérons d'abord avec les bûchettes.

Commençons par réunir les bûchettes simples. Nous disons : **7** bûchettes et **5** font **12** bûchettes.

Mais nous avons vu, dans la numération, que lorsque nous avions **10** bûchettes ensemble, nous en faisions une *dizaine*, que nous placions sur un carton avec les autres *dizaines*. C'est ce que nous allons faire ici.

Des **12** bûchettes que nous avons réunies, nous en prenons **10** pour former une *dizaine*; nous plaçons cette *dizaine* avec les autres, et nous disons : **1** dizaine de retenue et **3** font **4**, et **1** font **5** dizaines.

La somme est **5** *dizaines* et **2** *bûchettes*, c'est-à-dire **52** bûchettes.

§ 89. — 2° Nous opérons de la même manière avec les nombres écrits en chiffres. Commençant par les unités, nous disons : **7** unités simples et **5** unités font **12** unités. Dans **12**, il y a **2** unités simples, que nous écrivons au rang des unités, et **1** *dizaine*, que nous retenons pour la compter avec les *dizaines*.

1 dizaine de retenue et **3** font **4**; **4** dizaines et **1** font **5**, que nous écrivons au rang des dizaines.

Le total est **5** *dizaines* et **2** *unités*, ou **52**, comme avec les bûchettes.

§ 90. — Donc, lorsque la somme des unités est plus forte que 9, *on retient les dizaines* pour les *compter avec les dizaines* de la colonne immédiatement à gauche.

§ 91. — Règle générale de l'addition.

Pour faire une addition, on écrit les nombres les uns sous les autres, de manière que les unités soient sous les unités, les dizaines sous les dizaines, etc., et l'on tire un trait au-dessous.

Puis, commençant par la droite, on fait la somme des unités. Si cette somme ne surpasse pas 9, on l'écrit telle qu'on l'a trouvée; si elle surpasse 9, elle renferme une ou plusieurs dizaines : on écrit seulement les unités ou le zéro qui en tient lieu, et on retient les dizaines pour les compter avec les dizaines.

On fait la somme des dizaines, en comptant d'abord la retenue, s'il y en a une. Si cette somme ne surpasse pas 9, on l'écrit telle qu'on l'a trouvée; si elle surpasse 9, on écrit seulement les dizaines ou le zéro qui en tient lieu, et on retient les centaines pour les compter avec les centaines.

On continue de cette manière jusqu'à ce qu'on ait fait la somme de toutes les colonnes, et l'on écrit la somme de la dernière colonne à gauche, telle qu'on la trouve.

§ 92. — Preuve de l'addition. — La preuve d'une opération est une seconde opération qui a pour but de vérifier le résultat de la première.

On fait la preuve de l'addition en recommençant l'opération de **bas en haut**, si la première addition a été faite de **haut en bas**.

Les deux totaux sont **égaux** lorsque les deux additions sont **exactes**.

Ex. 181. — EXEMPLES :

Preuve	897	Preuve	679	Preuve	93	Preuve	772
	252		305		27		174
	434		161		52		250
	211		213		14		348
Total	897	Total	679	Total	93	Total	772

Exercices oraux.

Ex. 182. — Qu'est-ce que l'*addition ?*

Quels noms donne-t-on au *résultat* de l'*addition ?*

Comment *indique-t-on* une addition ?

Comment dispose-t-on les nombres à additionner ?

Ex. 183. — Que fait-on, lorsque la somme des chiffres d'une colonne surpasse 9 ? — par exemple, si cette somme est 14 ? — si elle est 25 ? — si elle est 30 ? — si elle est 40 ?

Comment fait-on la *preuve* de l'addition ?

Ex. 184. — Exercices. — Faites les additions suivantes et les preuves :

35	27	18	24	32	26
23	35	59	35	29	6
24	12	21	15	16	14
82	74	98	74	77	46

Ex. 185 :

28	37	42	65	88
43	46	87	47	36
50	29	95	73	54
121	112	224	185	178

Ex. 186 :

543	45	98	77	9
28	364	543	500	84
37	212	235	89	569
608	621	876	666	662

Ex. 187 :

3.419	1.346	730	2.336	90
1.502	2.825	1.080	1.785	409
2.435	3.347	99	67	4.008
7.356	7.518	1.909	4.188	4.507

Ex. 188 :

$48 + 25 + 76 = 149$ $77 + 82 + 53 = 212$

$37 + 40 + 58 = 135$ $4 + 35 + 64 = 103$

Ex. 189 :

$342 + 637 + 229 = 1.208$ $643 + 561 + 274 = 1.478$

$500 + 789 + 378 = 1.667$ $9 + 67 + 635 = 711$

Ex. 190 :

$3.048 + 2.049 + 5.308 = 10.405$ $2.748 + 143 + 4.319 = 7.210$

$1.482 + 5.321 + 7.407 = 14.210$ $24 + 8.842 + 6.340 = 15.206$

Problèmes sur l'addition du troisième cas.

Ex. 191. — Quelle est la dépense totale d'une personne qui achète pour 35 francs de drap, pour 47 francs de calicot, et pour 12 francs de doublure? — **R.** 94 francs.

Ex. 192. — Une ménagère doit 32 francs au boulanger, 37 francs au boucher et 28 francs à l'épicier. Combien doit-elle en tout? — **R.** 97 francs.

Ex. 193. — Un verger renferme 35 pommiers, 29 poiriers, 17 pruniers et 12 cerisiers. Combien y a-t-il d'arbres? — **R.** 93 arbres.

Ex. 194. — Un père de famille a placé à la caisse d'épargne d'abord 28 francs, puis 34 francs, puis 25 francs et enfin 10 francs. Combien a-t-il à la caisse d'épargne? — **R.** 97 francs.

Ex. 195. — Un propriétaire possède quatre maisons; il paye 248 francs d'impôts pour la première, 154 francs pour la deuxième, 98 francs pour la troisième et 73 francs pour la quatrième. Combien paye-t-il d'impôts en tout? — **R.** 573 francs.

Ex. 196. — Un bûcheron a fait 5 tas de fagots; dans le premier tas, il y a 245 fagots, dans le deuxième 364, dans le troisième 209, dans le quatrième 234 et dans le cinquième 95. Combien a-t-il fait de fagots en tout? — **R.** 1.147 fagots.

Ex. 197. — Quel est le revenu d'une maison qui a quatre locataires, dont le premier paye 457 francs, le deuxième 436 francs, le troisième 395 francs et le quatrième 350 francs? — **R.** 1.638 francs.

Ex. 198. — Une propriété a été achetée 25 609 francs; on l'a revendue en gagnant 2.786 francs. Quelle somme l'a-t-on revendue? — **R.** 28.395 francs.

Ex. 199. — Une maison a été achetée 32.647 francs; on y fait pour 7.874 francs de réparations. Quelle somme faut-il la revendre pour gagner 5.258 francs? — **R.** 45.779 francs.

Ex. 200. — 90 moutons ont été achetés 1.743 francs. On les garde 3 mois pendant lesquels ils coûtent 539 francs. Combien doit-on les revendre pour gagner 616 francs? — **R.** 2.898 francs.

Ex. 201. — Quel est le revenu d'une ferme qui produit pour 3 639 francs de blé, pour 796 francs de fruit, pour 453 francs de pommes de terre et pour 5.412 francs de bétail? — **R.** 10.300 francs.

Additions successives

§ **93.** — Exemple. Louis a 284 bons points, Henri en a 337 et Julien en a 92 de plus que -Louis. Combien ces trois élèves ont-ils de bons points en tout ?

$$
\begin{array}{ll}
284 & 284 \\
\underline{92} & 337 \\
376 & \underline{376} \\
 & 997
\end{array}
$$

Solution.— *Déterminons d'abord le nombre des bons points de Julien; il en a 92 de plus que Louis; il en a donc 284 + 92 = 376.*

Nous additionnons ensuite les nombres de bons points de ces trois élèves. 284 + 337 + 376 = 997.
Réponse : *Ces trois élèves ont* **997** *bons points.*

Ex. **202.** — On achète trois barriques d'huile : la première contient 274 litres, la deuxième 285 litres, et la troisième 23 litres de plus que la seconde. Combien ces trois barriques contiennent-elles de litres d'huile ? — **R.** 867 litres.

Ex. **203.** — Il y a 144 pages dans un livre, 256 dans un autre, 324 dans un troisième; un quatrième a 96 pages de plus que le premier. Combien ces quatre livres ont-ils de pages en tout ? — **R.** 964 pages.

Ex. **204.** — André a une fortune de 25.640 francs; celle de Joseph est de 37.645 francs; Jules possède 2.617 francs de plus que Joseph. Quelle est la fortune totale de ces trois personnes ? — **R.** 103.547 francs.

Ex. **205.** — Un employé gagne 1.846 francs par an; un autre gagne 2.198 francs, et un troisième gagne autant que les deux premiers ensemble. Combien ces employés gagnent-ils en tout? — **R.** 8.088 francs.

Ex. **206.** — On achète trois propriétés : la première coûte 68.652 francs, la deuxième 87.317 francs, et la troisième 22.716 francs de plus que la seconde. Combien coûtent ensemble ces trois propriétés? — **R.** 266.002 francs.

Ex. **207.** — Un marchand a acheté trois pièces de drap. La première est de 345 mètres; la deuxième est de 534 mètres, et la troisième est aussi longue que les deux autres ensemble. Combien y a-t-il de mètres en tout? — **R.** 1.758 mètres.

Additions diverses.

§ **94.** — EXEMPLE. Un aubergiste achète trois pièces de vin : la première contient 228 litres et coûte 98 francs ; la deuxième contient 245 litres et coûte 126 francs; la troisième contient 197 litres et coûte 92 francs. Quel est le nombre total de litres et le prix total?

228 litres	98 francs	SOLUTION.— *Il faut additionner sépa-*
245 —	126 —	*rément d'abord les nombres de litres, puis*
197 —	92 —	*les nombres de francs.*
670 litres	316 francs	RÉPONSE : **670** *litres.* **316** *francs.*

Ex. 208. — Un marchand a vendu une première fois 94 mètres de drap pour 437 francs, puis 228 mètres pour 1.758 francs et enfin 79 mètres pour 392 francs. Combien a-t-il vendu de mètres de drap, et pour quelle somme?— **R.** 401 mètres pour 2.587 francs.

Ex. 209. — Un épicier a vendu 214 kilogrammes de sucre pour 238 francs, puis 437 kilos pour 452 francs, 75 kilos pour 81 francs, et 97 kilos pour 102 francs. Combien a-t-il vendu de kilos de sucre, et pour quelle somme? — **R.** 823 kilog. pour 873 francs.

Ex. 210. — Un entrepreneur a trois chantiers : le premier compte 72 ouvriers, qui gagnent ensemble 418 francs par jour, le deuxième a 38 ouvriers, qui gagnent 183 francs, et le troisième a 9 ouvriers, qui sont payés 48 francs. Combien cet entrepreneur occupe-t-il d'ouvriers, et quelle somme leur donne-t-il par jour? — **R.** 119 ouvriers, — 649 francs.

Ex. 211. — Trois champs sont plantés de betteraves et de carottes : le premier contient 12.609 betteraves et 25.764 carottes ; le second 26.713 betteraves et 17.816 carottes, et le troisième 31.097 betteraves et 29.256 carottes.

Combien y a-t-il de betteraves? et combien de carottes? — **R.** 70.419 betteraves, — 72.836 carottes.

Ex. 212. — Un régiment d'infanterie est composé de trois bataillons : le premier compte 1.095 hommes, qui dépensent 1.207 francs par jour; le deuxième a 974 hommes, qui dépensent 1.084 francs, et le troisième 738 hommes, dépensant 827 francs.

Combien ce régiment a-t-il d'hommes, et quelle somme dépense-t-il par jour?— **R.** 2.807 hommes, — 3.118 francs.

SOUSTRACTION

§ 95. — **Premier cas.** — **Le nombre à retrancher n'a qu'un seul chiffre,** *et ce chiffre est* **plus petit** *que celui des unités du nombre le plus grand.*

Louis a **7** billes **7**

Il en donne **4** à Paul . . .   **4**

Combien lui en reste-t-il?

Il lui en reste . . . . . ,   **3**

Pour trouver le nombre des billes qui restent à Louis, nous ôtons **4** billes de **7** billes. Il en reste **3**.

L'opération que nous venons de faire s'appelle **soustraction.**

§ 96. — **Définition.** — *La soustraction est une opération par laquelle* **on retranche un nombre d'un autre nombre,** *exprimant des unités de même espèce.*
Le résultat se nomme **reste, excès** *ou* **différence.**

§ 97. — SIGNE DE LA SOUSTRACTION. — On indique une soustraction en plaçant le plus petit nombre à droite du plus grand, et en les séparant par un trait horizontal (—) que l'on énonce *moins.*

EXEMPLE. — L'expression **7 — 4** signifie que le nombre **7** doit être diminué de **4**, et s'énonce: **7** *moins* **4.**

Ex. 213. $5-2=3$ $8-3=5$ $15-3=12$ $18-3=15$

       $6-2=4$ $7-2=5$ $16-2=14$ $27-2=25$

       $7-3=4$ $9-6=3$ $17-3=14$ $19-6=13$

Exercices oraux.

Ex. 214. — Qu'est-ce que la *soustraction*?

Quels noms donne-t-on au *résultat* de la *soustraction*?

Ex. 215. — Comment *indique-t-on* une *soustraction*?

Ex. 216. — Comment dispose-t-on les nombres pour faire une soustraction?

Ex. 217. — Faites les soustractions suivantes :

64	53	76	85	87	98
41	21	42	22	34	76
23	32	34	63	53	22

Ex. 218 :

645	786	837	489	645	987
312	543	215	276	122	644
333	243	622	213	523	343

Ex. 219 :

$$75 - 23 = 52 \qquad 89 - 56 = 33 \qquad 98 - 67 = 31$$
$$48 - 15 = 33 \qquad 78 - 25 = 53 \qquad 79 - 45 = 34$$

Ex. 220 :

$$785 - 462 = 323 \quad 846 - 512 = 334 \quad 547 - 123 = 424$$
$$870 - 532 = 344 \quad 738 - 425 = 313 \quad 869 - 325 = 544$$

Problèmes sur la soustraction du premier cas.

EXEMPLE. — Maurice avait 8 sous; il en a donné 6 aux pauvres. Combien lui en reste-t-il? — **R.** 2 sous.

Ex. 221. — André a gagné 7 bons points dans une semaine; mais il a dû en rendre 5. Combien lui en reste-t-il? — **R.** 2 bons points.

Ex. 222. — On prend 5 mètres d'étoffe sur une pièce de 9 mètres. Combien en reste-t-il? — **R.** 4 mètres.

Ex. 223. — Louis a 8 pommes. Combien lui en restera-t-il quand il en aura mangé 3? — **R.** 5 pommes.

§ 98. — Deuxième cas. — Tous les chiffres du plus petit nombre sont plus petits *que les chiffres du même rang dans le plus grand nombre.*

Sur **35** bûchettes 35

on en prend **12**. 12

Combien en reste-t-il?

Il en reste. 23

§ 99. — Nous voulons retrancher **12** de **35**. Opérons d'abord avec les bûchettes.

Nous ôtons **2** bûchettes de **5**; il reste **3** bûchettes. Puis nous ôtons **1** dizaine de bûchettes de 3 dizaines ; il reste **2** dizaines de bûchettes.

La *différence* est **2** dizaines et **3** bûchettes, ou **23** bûchettes.

Opérons maintenant avec les nombres écrits en chiffres.

Commençant également par les unités, nous ôtons **2** unités de **5**; il reste **3** unités, que nous écrivons sous le trait.

Puis, nous ôtons **1** dizaine de **3** dizaines; il reste **2** dizaines, que nous écrivons aussi au-dessous, au rang des dizaines.

La *différence* est **2** dizaines et **3** unités, ou **23** unités, comme avec les bûchettes.

§ 100. — Donc, quand le nombre à retrancher se compose de plusieurs chiffres, *on ôte les unités du plus petit nombre de celles du plus grand, et les dizaines du plus petit nombre des dizaines du plus grand.*

S'il y avait des centaines et des mille, on *ôterait* également les *centaines* des *centaines* et les *mille* des *mille*, etc.

Problèmes sur la soustraction du deuxième cas.

§ **101**. — EXEMPLE. Un courrier doit parcourir 37 kilomètres ; il en a parcouru 23. Quel chemin lui reste-t-il à faire ?

37
23
———
14

SOLUTION. — *Il faut retrancher le nombre de kilomètres parcourus du nombre total de kilomètres :*
37 — 23 = 14.
RÉPONSE : *il reste* **14** *kilomètres à parcourir.*

Ex. **224**. — J'ai 68 francs ; je vais payer 45 francs. Que me restera-t-il ? — **R**. 23 francs.

Ex. **225**. — Un élève doit apprendre 75 vers ; il en sait 33. Combien lui en reste-t-il à apprendre ? — **R**. 42 vers.

Ex. **226**. — Une boîte contient 96 plumes ; on en donne 54 aux élèves d'une classe. Combien en reste-t-il dans la boîte ? — **R**. 42 plumes.

Ex. **227**. — Un père a 48 ans, son fils en a 15. Quel était l'âge du père à la naissance de son fils ? — **R**. 33 ans.

Ex. **228**. — En allant à la foire, un fermier avait 98 francs ; il achète une génisse, et il lui reste 25 francs. Quel est le prix de la génisse ? — **R**. 73 francs.

Ex. **229**. — Une personne possède 465 francs ; elle doit 134 francs. Que lui restera-t-il, lorsqu'elle aura payé sa dette ? — **R**. 331 francs.

Ex. **230**. — Un tonneau contient 248 litres de vin ; on en tire 125 litres. Combien en reste-t-il dans le tonneau ? — **R**. 123 litres.

Ex. **231**. — On a vendu 788 francs un cheval qui avait coûté 656 francs. Quelle somme a-t-on gagnée ? — **R**. 132 francs.

Ex. **232**. — Sur une pièce de toile de 215 mètres, on en prend 103 mètres. Quelle est la longueur du reste ? — **R**. 112 mètres.

Ex. **233**. — Un homme doit 897 francs ; il paye 365 francs. Combien doit-il encore ? — **R**. 532 francs.

Ex. **234**. — J'ai reçu 975 francs. Je dois 543 francs. Que me restera-t-il quand j'aurai payé ma dette ? — **R**. 432 francs.

Ex. 235. — Un marchand a vendu, 586 francs, de la marchandise sur laquelle il a gagné 72 francs. Combien l'avait-il achetée? — **R**. 514 francs.

Ex. 236. — La patente d'un commerçant s'élève à 468 francs, sur laquelle il a payé 324 francs. Que doit-il encore? — **R**. 144 francs.

Ex. 237. — Il reste 124 mètres d'une pièce d'étoffe qui avait 175 mètres. Combien en a-t-on vendu ? — **R**. 51 mètres.

Ex. 238. — Un maquignon a gagné 52 francs sur un cheval qu'il a vendu 768 francs. Combien l'avait-il acheté ? — **R**. 716 francs.

---

§ **102**. — **Principe**. — La **différence** de deux nombres **ne change pas** quand on les **augmente** tous deux **d'un même nombre**.

DÉMONSTRATION. — Sur **5** billes . .   5

on en prend **2**   2

Combien en reste-t-il ?

Il en reste   3

Augmentons le plus grand nombre et le plus petit d'une même quantité, par exemple d'une *dizaine* de billes, et voyons ce que deviendra la différence.

Dizaine

Sur **15** billes . . .   15

on en prend **12**   12

Combien en reste-t-il?   Dizaine.

Il en reste . . .   3

Donc, la différence de deux nombres ne change pas quand on les augmente tous les deux d'un même nombre.

§ 103. — Troisième cas. — Le nombre à retrancher renferme des chiffres plus grands *que les chiffres* de même rang *du nombre supérieur.*

Dans une bourse contenant **53** francs, ...   **53**
on en prend **25**. **25**
Combien en reste-t-il ?
_____
Il en reste **28**

En commençant cette soustraction, nous nous trouvons arrêtés : en effet, nous ne pouvons pas ôter **5** de **3**.

Pour résoudre cette difficulté, nous augmentons le chiffre trop faible, **3**, d'*une dizaine* ou de **10** unités, et nous avons **13**. Nous disons alors : **5** ôtés de **13**, il reste **8**.

Mais, comme nous avons augmenté le nombre supérieur de **10** *unités*, augmentons également le nombre inférieur d'**une** *dizaine*. Nous dirons : **1** dizaine d'augmentation (on a l'habitude de dire : *1 dizaine de retenue*) et **2** dizaines font **3** dizaines; **3** dizaines ôtées de **5**, il reste **2** dizaines.

La différence est **28** unités.

Nous avons augmenté le plus grand nombre et le plus petit d'une même quantité, d'une *dizaine*. La différence a-t-elle changé ? — Non.

§ 104. — Nous opérerions de la même manière, si le chiffre des *dizaines* du nombre supérieur était *trop faible*; nous l'augmenterions de **10** *dizaines*, ou d'**une** *centaine*, puis, nous augmenterions le chiffre des *centaines* du nombre inférieur, d'**une** *centaine*, et ainsi de suite.

§ 105. — Règle générale de la soustraction.
— *Pour faire la soustraction, on écrit le plus petit nombre sous le plus grand, de manière que les unités soient sous les unités, les dizaines sous les dizaines, etc., et l'on tire un trait au-dessous. Puis, commençant par la droite, on retranche chaque chiffre du nombre inférieur de celui qui est au-dessus, et l'on écrit la différence au-dessous.*

*Si un chiffre du nombre supérieur est plus faible que son correspondant du nombre inférieur, on augmente le chiffre trop faible de **10** unités de son ordre; et, pour que la différence ne change pas, on augmente, dans le nombre inférieur, le chiffre immédiatement à gauche d'une unité de son ordre.*

Ex. 239. — Faites les soustractions suivantes :

64	53	84	62	71	85
36	28	39	45	39	28
28	25	45	17	32	57

Ex. 240

638	549	425	824	645	760
252	275	162	257	268	132
386	274	263	567	377	628

Ex. 241

$$940 - 683 = 257 \qquad 690 - 140 = 460 \qquad 901 - 643 = 258$$
$$609 - 234 = 375 \qquad 700 - 231 = 469 \qquad 820 - 253 = 567$$
$$702 - 354 = 348 \qquad 810 - 204 = 606 \qquad 402 - 139 = 263$$

§ 106. — Preuve de la soustraction. — *Pour faire la preuve de la soustraction, on additionne le plus petit nombre avec la différence : on doit retrouver le nombre le **plus grand** si l'opération est exacte.*

EXEMPLES :

Plus grands nombres. .	**8**	**67**	**586**	**613**
Plus petits nombres . .	**5**	**32**	**235**	**268**
Différences	**3**	**35**	**351**	**345**
Preuves.	**8**	**67**	**586**	**613**

Ex. 242. — EXERCICES. — Faites les soustractions suivantes et les preuves :

$$47 - 24 = 23 \qquad 876 - 425 = 451 \qquad 5.478 - 2.156 = 3.322$$
$$85 - 52 = 33 \qquad 968 - 536 = 432 \qquad 6.587 - 2.354 = 4.233$$
$$78 - 35 = 43 \qquad 896 - 352 = 544 \qquad 8.307 - 5.205 = 3.102$$

Ex. 243.

$$82 - 49 = 33 \qquad 724 - 256 = 468 \qquad 5.436 - 2.349 = 3.087$$
$$72 - 56 = 16 \qquad 642 - 369 = 273 \qquad 7.203 - 3.147 = 4.056$$
$$83 - 68 = 15 \qquad 804 - 456 = 348 \qquad 9.000 - 2.364 = 6.636$$

Exercices oraux.

Ex. 244. — La différence de deux nombres change-t-elle lorsqu'on les augmente d'un même nombre?

Ex. 245. — Lorsqu'un chiffre du nombre *inférieur* est plus *grand* que celui des unités du *même ordre* dans le nombre *supérieur*, comment opère-t-on?

Problèmes sur la soustraction du troisième cas.

Ex. 246.— Une classe a 42 élèves dont 18 ont été récompensés. Combien y en a-t-il qui n'ont pas reçu de récompense ?—**R**. 24.

Ex. 247. — Ernest a un devoir de 32 lignes; il en a fait 15. Combien lui en reste-t-il à faire ? — **R**. 17 lignes.

Ex. 248. — La longueur d'une pièce de ruban est de 54 mètres. On en coupe un morceau de 28 mètres. Quelle est la longueur du reste ? — **R**. 26 mètres.

Ex. 249.— Pierre a 43 ans. Il a 17 ans de plus que son neveu. Quel est l'âge du neveu ? — **R**. 26 ans.

Ex. 250. — Ma mère lit un livre de 234 pages; elle en a lu 187 pages. Combien lui en reste-t-il à lire ? — **R**. 47 pages.

Ex. 251. — Lyon est à 512 kilomètres de Paris, par le chemin de fer de la Bourgogne ; Dijon en est à 315 kilomètres. Quelle est la distance de Lyon à Dijon ? — **R**. 197 kilomètres.

Ex. 252. — Des ouvriers ont entrepris de creuser un fossé de 734 mètres; ils en ont creusé 389 mètres. Combien leur en reste-t-il à faire ? — **R**. 345 m.

Ex. 253.— Je possède 503 francs, mais je dois 345 francs. Que me restera-t-il lorsque j'aurai payé ma dette ? — **R**. 158 francs.

Ex. 254. — Une caisse de livres contient 425 volumes. On en retire 276. Combien en reste-t-il dans la caisse? — **R**. 149 volumes.

Ex. 255.— Un marchand de vin a, dans sa cave, 530 hectolitres de vin de Bordeaux; il en vend 353 hectolitres. Combien lui en reste-t-il ? — 177 hectolitres.

Ex. 256.— Louis XIV a succédé à son père en 1.643; il est mort en 1.715. Combien de temps a-t-il régné ? — **R.** 72 ans.

Ex. 257. — Charlemagne est mort en 814; il était né en 742. Quel âge avait-il à sa mort ? — **R.** 72 ans.

Ex. 258. — Une bibliothèque contenait 1.250 volumes; un incendie en ayant détruit une partie, il ne reste plus que 768 volumes. Combien y en a-t-il eu de brûlés ? — **R.** 482 volumes.

Soustractions diverses.

§ **107.** — Exemple. — Une pièce de vin contenant 226 litres doit être vendue 113 francs. On en vend 82 litres pour 41 francs. Combien reste-t-il de litres de vin et quelle est la valeur de ce reste ?

226 litres   113 francs   Solution. — *Il faut d'abord ôter,*
82 —   41 —   *de la contenance totale, 226 litres, les*
────────   ────────   *82 litres vendus:* 226 — 82 = 144 *li-*
144 litres   72 francs   *tres; puis retrancher, de la valeur*
totale, 113 *francs, les 41 francs déjà reçus:* 113 — 41 = 72 *francs.*

Réponse: *Il rest à vendre* **144** *litres pour* **72** *francs.*

Ex. 259. — Un marchand d'huile en avait 1 450 litres qu'il voulait vendre 1.670 francs; il en a vendu 635 litres pour 718 francs. Combien lui reste-t-il d'huile, et quelle somme doit-il encore en retirer ? — **R.** 815 litres, — 952 francs.

Ex. 260. — La construction d'un mur de 800 mètres est estimée 3.200 francs; il y en a 432 de construits pour 1.728 francs. Combien reste-t-il de mètres à construire, et quelle sera la dépense de ce reste ? — **R.** 368 mètres, — 1.472 francs.

Ex. 261. — On devait vendre 1.080 francs un troupeau de 54 moutons; on a vendu 37 de ces moutons pour la somme de 740 francs. Combien reste-t-il de moutons, et combien doit-on les vendre ? — **R.** 17 moutons, — 340 francs.

Problèmes sur l'addition et la soustraction.

§ **108.** — EXEMPLE. — Une personne doit 18 francs à son boulanger, 29 francs à son boucher et 46 francs à son épicier; elle reçoit 200 francs et paie ses dettes. Que lui reste-t-il ?

18 francs	200 francs	SOLUTION. — *Nous faisons d'abord*
29	93	*la somme des dettes :* 18 *fr.* + 29 +
46	———	46 = 93 *francs. Puis nous retran-*
———	107 francs	*chons cette somme de 200 francs.*
93 francs		200 — 93 = 107 *francs.*

RÉPONSE : *il reste* **107** *francs.*

Ex. 262. — La population d'une école composée de cinq classes est de 230 élèves. La première classe compte 45 élèves, la deuxième 46, la troisième 47, et la quatrième 49. Combien y a-t-il d'élèves dans la cinquième classe ? — **R.** 43 élèves.

Ex. 263. — Dans une pièce de vin contenant 237 litres, on prend 25 litres, puis 34 litres, puis 43 litres, et enfin 9 litres. Combien reste-t-il de vin dans cette pièce ? — **R.** 126 litres.

Ex. 264. — Le caissier d'une maison de commerce reçoit 348 francs, puis 1.067 francs, ensuite 576 francs, et enfin 92 francs puis il paie 1.847 francs. Que lui reste-t-il de sa recette ? — **R.** 236 francs.

§ **109.** — EXEMPLE. — Un fermier vend un cheval 743 francs et une paire de bœufs 875 francs; il paie un terme de 456 francs à son propriétaire, puis 162 francs pour ses contributions, et il achète une pouliche 357 francs. Que lui reste-t-il de sa vente ?

743 francs	456 francs	1.618
875	162	975
———	357	———
1.618	———	643
	975	

SOLUTION. — *Nous additionnons d'abord les sommes reçues par le fermier :* 743 *fr.* + 875 = 1.618 *francs; puis, les sommes qu'il a payées :* 456 *fr.* + 162 + 357 = 975. *Ensuite, nous retranchons le total des dépenses du total des recettes :* 1.618 — 975 = 643.

RÉPONSE : *il reste au fermier* **643** *francs.*

5.

Ex. 265. — La provision de vin d'un aubergiste se compose de quatre pièces qui contiennent 245 litres, 228 litres, 235 litres et 198 litres; il en vend, pendant une semaine, 317 litres, et, pendant la semaine suivante, 285 litres. Combien lui en reste-t-il?— **R.** 304 litres.

Ex. 266. — Un libraire possède 12.640 volumes; il en reçoit quatre caisses qui contiennent 475 volumes, 318 volumes, 287 volumes et 95 volumes. Il en vend 678 à un lycée, 457 à un autre, 346 à une école et 218 à une autre. Combien lui en reste-t-il?— **R.** 12.116 volumes.

Ex. 267. — On veut construire trois routes qui doivent avoir 2.647 mètres, 854 mètres et 1.293 mètres. On fait d'abord, 1.497 mètres de la première, 354 de la seconde et 749 de la troisième. Combien reste-t-il de mètres à construire? — **R.** 2.194 mètres.

Ex. 268. — Un marchand d'oranges en a reçu quatre caisses contenant : la première 364 oranges, la deuxième 478, la troisième 517 et la quatrième 450. Il revend une première fois 619 oranges et une autre fois 142 oranges de plus que la première. Combien lui en reste-t-il? — **R.** 429 oranges.

Ex. 269. — Un propriétaire achète un terrain 6.412 francs; il dépense 2.496 francs pour y faire planter une vigne; puis il le revend 7.456 francs. Combien gagne-t-il ou perd-il?— **R.** 1.452 fr.

Ex. 270. — Avant de combattre, une armée se compose de 64.642 hommes. Dans un premier engagement, 842 hommes sont tués et 2.416 autres sont blessés; dans un second combat, 917 hommes sont tués et 1.845 autres sont blessés. Combien reste-t-il d'hommes valides? — **R.** 58.622 hommes.

Ex. 271. — Un marchand de toile en a 3.618 mètres en magasin; il en vend d'abord 547 mètres, puis 618 mètres, et une troisième fois 100 mètres de plus que la seconde. Combien lui en reste-t-il? — **R.** 1.735 mètres.

Ex. 272. — Un coquetier achète 1.297 œufs, puis 534, puis 729. Il en vend d'abord 1.459, puis 425, et il en casse 36. Combien lui en reste-t-il? — **R.** 640 œufs.

Ex. 273. — Une maison a été achetée 42.617 francs. Le propriétaire y fait pour 6.712 francs de réparations, puis il la revend en gagnant 5.126 francs. Combien l'a-t-il revendue?— **R.** 54.455 fr.

MULTIPLICATION

§ **110.** — Un instituteur voulant récompenser **4** de ses élèves, donne **3** bons points à chacun.
Combien donne-t-il de bons points en tout ?

1er élève	▨ ▨ ▨	3
2e élève	▨ ▨ ▨	3
3e élève	▨ ▨ ▨	3
4e élève	▨ ▨ ▨	3

Il donne ▨ ▨ ▨ ▨ ▨ ▨ ▨ ▨ ▨ ▨ ▨ ▨ **12**

Pour trouver le nombre de bons points donnés, nous avons répété le nombre **3** bons points autant de fois qu'il y a d'élèves, c'est-à-dire **4** fois ; — nous avons répété le nombre **3** *autant de fois* qu'il y a d'*unités dans* **4**.

L'opération que nous venons de faire est une **multiplication.**

§ **111.** — **Définition.** — **La multiplication est une opération par laquelle on répète** *un nombre* **autant de fois qu'il y a d'unités** *dans un autre.*

Le résultat se nomme **produit.**

Le nombre *qui doit être répété*, s'appelle **multiplicande.**

Le nombre qui indique combien de fois il faut répéter le multiplicande est le **multiplicateur.**

Le multiplicande et le multiplicateur sont encore appelés **facteurs** du produit.

Dans l'exemple ci-dessus, **3** est le *multiplicande,* **4** est le *multiplicateur,* **12** est le *produit.*

§ **112.** — Signe de la multiplication. — On indique une multiplication en plaçant, entre le *multiplicande* et le *multiplicateur,* une petite croix inclinée (×) que l'on énonce *multiplié par.*

Exemple. — L'expression **3** × **4** signifie que le nombre **3** doit être multiplié par **4**, et s'énonce : **3** *multiplié par* **4**.

§ **113.** — **Premier cas.** — Le multiplicande et le multiplicateur n'ont qu'un chiffre.

Nous avons fait notre première multiplication comme

une addition, en disant : **3** bons points $+$ **3** $+$ **3** $+$ **3** $=$ **12**.
La multiplication consiste à dire en une seule fois : **4** fois
3 bons points font **12** bons points.

Mais, pour opérer aussi rapidement, il faut savoir par
cœur la table de multiplication.

§ 114. — Table de multiplication

1 fois 1 fait 1	4 fois 1 font 4	7 fois 1 font 7
1 — 2 — 2	4 — 2 — 8	7 — 2 — 14
1 — 3 — 3	4 — 3 — 12	7 — 3 — 21
1 — 4 — 4	4 — 4 — 16	7 — 4 — 28
1 — 5 — 5	4 — 5 — 20	7 — 5 — 35
1 — 6 — 6	4 — 6 — 24	7 — 6 — 42
1 — 7 — 7	4 — 7 — 28	7 — 7 — 49
1 — 8 — 8	4 — 8 — 32	7 — 8 — 56
1 — 9 — 9	4 — 9 — 36	7 — 9 — 63
2 fois 1 font 2	5 fois 1 font 5	8 fois 1 font 8
2 — 2 — 4	5 — 2 — 10	8 — 2 — 16
2 — 3 — 6	5 — 3 — 15	8 — 3 — 24
2 — 4 — 8	5 — 4 — 20	8 — 4 — 32
2 — 5 — 10	5 — 5 — 25	8 — 5 — 40
2 — 6 — 12	5 — 6 — 30	8 — 6 — 48
2 — 7 — 14	5 — 7 — 35	8 — 7 — 56
2 — 8 — 16	5 — 8 — 40	8 — 8 — 64
2 — 9 — 18	5 — 9 — 45	8 — 9 — 72
3 fois 1 font 3	6 fois 1 font 6	9 fois 1 font 9
3 — 2 — 6	6 — 2 — 12	9 — 2 — 18
3 — 3 — 9	6 — 3 — 18	9 — 3 — 27
3 — 4 — 12	6 — 4 — 24	9 — 4 — 36
3 — 5 — 15	6 — 5 — 30	9 — 5 — 45
3 — 6 — 18	6 — 6 — 36	9 — 6 — 54
3 — 7 — 21	6 — 7 — 42	9 — 7 — 63
3 — 8 — 24	6 — 8 — 48	9 — 8 — 72
3 — 9 — 27	6 — 9 — 54	9 — 9 — 81

§ **115.** — MULTIPLE D'UN NOMBRE. — On appelle multiple d'un nombre, le produit de ce nombre multiplié par un nombre entier.

EXEMPLE : **15** est un multiple de 5, parce que c'est le produit de **5×3.**

Le produit de zéro multiplié par un chiffre significatif est toujours zéro.

EXEMPLES : **0×3=0, 0×5=0, 0×8=0.**

Exercices oraux.

Ex. 274. — Qu'est-ce que la *multiplication* ?
Comment s'appelle le nombre que l'on doit *répéter* ?
Qu'indique le *multiplicateur* ?
Comment se nomme le *résultat* de la *multiplication* ?

Ex. 275. — PROBLÈME. — **4** enfants ont chacun **6** châtaignes. Combien en ont-ils ensemble ?
Dans ce problème, quel est le *multiplicande* ? — le *multiplicateur* ? — et le *produit* ?

Ex. 276. — Combien de fois répète-t-on le *multiplicande*, 6 châtaignes, pour avoir le *produit* ?

Ex. 277. — Combien de fois le *multiplicande* est-il contenu dans le *produit* ?
Quelle opération avez-vous faite pour trouver le produit ?

Ex. 278. — Pourriez-vous trouver ce résultat autrement que par une *multiplication* ?

Ex. 279. — La *multiplication* donne-t-elle le résultat plus *rapidement* que l'*addition* ?

Ex. 280. — Qu'appelle-t-on facteurs du produit ?
Citez les 2 facteurs dans le problème ci-dessus.

Ex. 281. — Qu'appelle-t-on multiples d'un nombre ?

Ex. 282. — Nommez les multiples de 5 jusqu'à **50.**

Ex. 283. — Nommez les multiples de 4 jusqu'à **40.**

Ex. 284. — Nommez les multiples de 6 jusqu'à **60.**

Voir les exercices écrits, page 86.

§ 116. — Deuxième cas. — Le multiplicande a plusieurs chiffres *et le multiplicateur n'en a qu'un.*

EXEMPLE : 4 caisses d'oranges contiennent chacune 237 oranges ; combien en contiennent-elles ensemble ?

Ces 4 caisses contiennent 4 fois 237 oranges. Nous obtiendrons le nombre total des oranges en répétant 237 *quatre* fois. Faisons-le par une addition.

$$
\begin{array}{l}
237 \text{ oranges.} \\
237 \quad - \\
237 \quad - \\
237 \quad - \\
\hline
948 \text{ oranges.}
\end{array}
$$

§ 117. — REMARQUE. — En faisant cette addition, nous avons répété 4 fois les unités, 4 fois les dizaines et 4 fois les centaines. Or, nous aurions pu répéter 4 fois les unités, 4 fois les dizaines et 4 fois les centaines par trois multiplications du premier cas, attendu que nous n'aurions eu à multiplier qu'un nombre d'un seul chiffre par un autre nombre d'un seul chiffre. Faisons-le :

$$
\begin{array}{llll}
(_1) & 237 & \qquad (_2) \text{ ou bien} & 237 \\
& \underline{4} & & \underline{4} \\
& 28 \text{ unités} & & 948 \\
& 12\text{ . dizaines} & & \\
& \underline{8 \text{ .. centaines}} & & \\
& 948 & &
\end{array}
$$

(1) Nous disons : 4 fois 7 *unités* font 28 *unités*,

     4 fois 3 *dizaines* font 12 *dizaines*, que nous plaçons au rang des *dizaines*,

     4 fois 2 *centaines* font 8 *centaines*, que nous plaçons au rang des *centaines*.

En réunissant ces trois produits partiels, nous aurons bien 4 *fois* le multiplicande tout entier. Le résultat est le même que par l'addition. Nous obtenons, en effet, 948 oranges.

(2) Mais nous pouvons encore opérer plus vite en n'écrivant pas les retenues et en les ajoutant au produit suivant.

Nous dirons : 4 fois **7** unités font **28** unités. Nous écrivons seulement les **8** unités et nous retenons les **2** dizaines pour les ajouter au produit des dizaines.

4 fois **3** dizaines font **12** dizaines, et **2** dizaines de retenue font **14** dizaines. Nous posons les **4** dizaines, et nous retenons la centaine pour l'ajouter au produit des centaines.

4 fois **2** centaines font **8** centaines, et **1** de retenue font **9** centaines, que nous écrivons au rang des centaines.

§ 118. — **Règle.** — *Pour multiplier un nombre de plusieurs chiffres par un nombre d'un seul, on écrit le multiplicateur sous le multiplicande. Puis, commençant par la droite, on multiplie successivement tous les chiffres du multiplicande par le multiplicateur, et on écrit le résultat au-dessous.*

Si un produit partiel surpasse **9**, *on écrit seulement les* **unités** *de ce produit, ou le* **zéro** *qui en tient lieu, et l'on retient les* **dizaines** *pour les ajouter au produit suivant.*

EXERCICES SUR LA MULTIPLICATION.

Ex. 285 :

$2 \times 4 = 8$	$3 \times 4 = 12$	$5 \times 5 = 25$	$4 \times 8 = 32$
$3 \times 3 = 9$	$6 \times 3 = 18$	$4 \times 6 = 24$	$5 \times 7 = 35$
$2 \times 6 = 12$	$3 \times 7 = 21$	$7 \times 4 = 28$	$4 \times 9 = 36$
$5 \times 4 = 20$	$4 \times 5 = 20$	$3 \times 8 = 24$	$7 \times 6 = 42$
$2 \times 7 = 14$	$2 \times 8 = 16$	$2 \times 9 = 18$	$6 \times 9 = 54$

Ex. 286 :

$3 \times 2 = 6$	$6 \times 2 = 12$	$8 \times 5 = 40$	$6 \times 9 = 54$
$6 \times 3 = 18$	$5 \times 6 = 30$	$9 \times 8 = 72$	$8 \times 7 = 56$
$4 \times 4 = 16$	$8 \times 3 = 24$	$8 \times 7 = 56$	$9 \times 9 = 81$
$7 \times 6 = 42$	$9 \times 5 = 45$	$9 \times 6 = 54$	$7 \times 8 = 56$
$9 \times 4 = 36$	$7 \times 4 = 28$	$7 \times 7 = 49$	$9 \times 7 = 63$

Ex.

287 : $432 \times 2 = 864$	$342 \times 5 = 1.710$	$639 \times 8 = 5.112$	$4.235 \times 3 = 12.705$
288 : $243 \times 2 = 486$	$234 \times 5 = 1.170$	$542 \times 8 = 4.336$	$3.749 \times 4 = 14.996$
289 : $312 \times 3 = 936$	$342 \times 6 = 2.052$	$356 \times 9 = 3.204$	$5.604 \times 6 = 33.624$
290 : $142 \times 3 = 426$	$456 \times 6 = 2.736$	$637 \times 9 = 5.733$	$7.508 \times 7 = 52.556$
291 : $234 \times 4 = 936$	$435 \times 7 = 3.045$	$204 \times 3 = 612$	$5.409 \times 8 = 43.272$
292 : $328 \times 4 = 1.312$	$248 \times 7 = 1.736$	$708 \times 6 = 4.248$	$6.007 \times 9 = 54.063$

Problèmes sur la multiplication.

Multiplication du deuxième cas.

§ 119. — EXEMPLE. — Un ouvrier gagne 12 francs par jour. Combien gagne-t-il en 6 jours ?

> 12   SOLUTION. — *Le prix d'une journée est 12 fr.; le prix*
> 6   *de 6 journées sera 6 fois 12 francs, ou* $12 \times 6 = 72$
> ——   *francs.*
> 72   RÉPONSE : *Cet ouvrier gagne* **72** *francs.*

Ex. 293. — Quel est le prix de 9 barriques de vin, à 87 francs la barrique ? — **R.** 783 francs.

Ex. 294. — Un domestique est payé 45 francs par mois. Que gagne-t-il en 8 mois ? — **R.** 360 francs.

Ex. 295. — 6 chevaux ont été vendus 647 francs chacun. Quel est le prix total ? — **R.** 3.882 francs.

Ex. 296. — Combien y a-t-il d'oranges dans 8 caisses qui en contiennent chacune 279 ? — **R.** 2.232 oranges.

Ex. 297. — Une année a 365 jours. Combien un enfant de 3 ans a-t-il de jours ? — **R.** 1.095 jours.

Ex. 298. — Une usine emploie 875 kilogrammes de charbon par jour. Combien en emploie-t-elle pendant 6 jours? — **R.** 5.250 kilogrammes.

Ex. 299. — Combien y a-t-il d'hommes dans 7 régiments qui comptent chacun 3.476 hommes ? **R.** 24.332 hommes.

Ex. 300. — Un facteur parcourt, en moyenne, 23.738 mètres par jour. Combien fait-il de mètres en 9 jours ? — **R.** 213.642 mètres.

Ex. 301. — Une fabrique d'étoffe en produit 34.618 mètres par mois. Combien en produit-elle en 8 mois ? — **R.** 276.944 mètres.

Ex. 302. — Il faut 48.735 pains pour une garnison pendant un mois. Combien lui en faut-il pour 6 mois ? — **R.** 292.410 pains.

Ex. 303. — La dépense annuelle d'un pensionnat est de 43.736 francs. Quelle est la dépense pendant 4 années semblables ? **R.** — 174.944 francs.

§ 120. — Application d'un principe de numération.

Rendre un nombre entier **10** *fois,* **100** *fois,* **1.000** *fois* **plus grand,** *ou le* **multiplier** *par* **10,** *par* **100** *ou par* **1.000.**

On rend un nombre entier

10 fois *plus grand,* en écrivant **un** *zéro* à sa droite.
100 fois *plus grand,* en écrivant **deux** *zéros* à sa droite.
1.000 fois *plus grand,* en écrivant **trois** *zéros* à sa droite.

Exemple. — Soit à rendre **10** fois plus grand le nombre   **5**

(opération.) Écrivez un zéro à la droite de ce nombre   **50**

(raisonnement.) Le zéro a fait reculer d'un rang vers la gauche le chiffre **5**; il l'a fait passer du rang des unités au rang des dizaines; au lieu de **5** unités, nous avons **5** dizaines.

Le nombre **5** unités en devenant **5** dizaines ou **50** est-il devenu plus grand ? — Combien de fois plus grand ?

(conclusion.) *On rend un nombre entier* **10** *fois plus grand en écrivant un zéro à sa droite.*

Remarque. — Rendre un nombre **10** fois *plus grand,* c'est le répéter **10** fois; c'est par conséquent le *multiplier* par **10.**

On multiplie donc un nombre entier par **10** *en écrivant* **un** *zéro à sa droite.*

§ 121. — On ferait le même raisonnement pour démontrer qu'on rend un nombre entier **100** fois *plus grand,* ou qu'on le *multiplie* par **100,** en écrivant **deux** *zéros* à sa droite; et qu'on le rend **1.000** fois plus grand ou qu'on le multiplie par **1.000,** en écrivant **trois** *zéros* à sa droite.

Exemples.

Nombres donnés :	4	36	875
rendus **10** fois plus grands, ou *multipliés* par **10** :	40	360	8.750
rendus **100** fois plus grands, ou *multipliés* par **100** :	400	3.600	87.500
rendus **1.000** fois plus grands, ou *multipliés* par **1.000** :	4.000	36.000	875.000

§ 122. — Troisième cas. — Le multiplicateur est formé d'un chiffre significatif suivi de zéros.

EXEMPLE. — Un mouton coûte **16** francs; combien coûteront **20** moutons ?

  16 20 moutons coûteront **20** fois **16** francs, ou
  20 16 fr. × 20.
  ———
  320

Mais nous ne savons pas encore multiplier par 20.

Cherchons d'abord le prix de deux moutons. 2 moutons coûteront **16** fr. × 2, ou **32** francs. Combien y a-t-il de fois 2 moutons dans 20 moutons ?— **10** fois.

Alors nous devons répéter le prix de 2 moutons 10 fois ou le multiplier par **10**, en écrivant un zéro à la droite de 32, ce qui donne **320** francs.

Nous avons obtenu le produit de **16×20**, en multipliant **16** par **2** et en écrivant, à la droite du produit, le zéro que nous avions négligé dans le multiplicateur **20**.

§ 123. — Règle. — *Pour multiplier un nombre par un chiffre significatif suivi de zéros, on le multiplie par ce chiffre significatif seul, et on écrit, à la droite du produit, autant de zéros qu'il y en a au multiplicateur.*

Ex. 304 :	Ex. 305 :	Ex. 306 :
$74 \times 30 = 2.220$	$843 \times 200 = 168.600$	$435 \times 3.000 = 1.305.000$
$48 \times 80 = 3.840$	$748 \times 700 = 523.600$	$732 \times 6.000 = 4.392.000$
$237 \times 70 = 16.590$	$395 \times 900 = 355.500$	$435 \times 4.000 = 1.740.000$

Ex. 307 :	Ex. 308 :	Ex. 309 :
$78 \times 4.000 = 312.000$	$942 \times 90 = 84.780$	$549 \times 300 = 164.700$
$464 \times 500 = 232.000$	$875 \times 60 = 52.500$	$635 \times 400 = 254.000$
$245 \times 400 = 98.000$	$36 \times 20 = 720$	$654 \times 100 = 65.400$

Ex. 310 :	Ex. 311 :
$814 \times 5.000 = 4.070.000$	$4.827 \times 9.000 = 43.443.000$
$622 \times 5.000 = 3.110.000$	$7.846 \times 5.000 = 39.230.000$
$321 \times 2.000 = 642.000$	$435 \times 3.000 = 1.305.000$

PROBLÈMES

Multiplications du troisième cas; le multiplicateur est formé d'un chiffre significatif suivi de zéros.

Ex. 312. — Un mètre de drap coûte 12 francs. Quel est le prix de 10 mètres ? — **R.** 120 francs.

Ex. 313. — Un négociant dépense 3.617 francs par mois pour payer ses employés. Combien dépense-t-il en 10 mois? — **R.** 36.170 francs.

Ex. 314. — Les pavés d'une rue sont au nombre de 28 par rangée. Combien y en a-t-il dans 10 rangées ? — dans 100 rangées ? — dans 1.000 rangées ? — **R.** 280 — 2.800 — 28.000.

Ex. 315. — Quel est le prix de 100 hectolitres de vin, à 48 francs l'hectolitre ? — **R.** 4.800 francs.

Ex. 316. — La construction d'une route coûte 29 francs par mètre. Quelle somme dépensera-t-on pour en faire 70 mètres ? — **R.** 2.030 francs.

Ex. 317. — La nourriture d'un cheval revient à 436 francs par an. Combien dépensera-t-on pour 800 chevaux ? — **R.** 348.800 fr.

Ex. 318. — Un collège a 700 élèves qui paient chacun 825 francs de pension. Combien paient-ils ensemble ? — **R.** 577.500 francs.

Ex. 319. — Une fabrique d'horlogerie a vendu 4.000 montres à 237 francs la pièce. Quelle somme a-t-elle reçue en tout ? — **R.** 948.000 francs.

Ex. 320. — Cherchez un nombre 7.000 fois plus grand que le nombre 938 ? — **R.** 6.566.000.

Ex. 321. — Combien y a-t-il de plumes dans 600 boîtes qui en contiennent chacune 144 ? — **R.** 86.400 plumes.

Ex. 322. — Un volume a 475 pages. Combien y a-t-il de pages dans 3.000 exemplaires du même volume? — **R.** 1.425.000 pages.

Ex. 323. — Un train de chemin de fer parcourt 745 mètres par minute. Quelle distance parcourt-il en une heure? [Une heure a 60 minutes.] — **R.** 44.700 mètres.

§ 124. — Quatrième cas. — Le multiplicateur a plusieurs chiffres significatifs.

EXEMPLE. — Une barrique de vin coûte **84** francs; combien coûtent **26** barriques?

26 barriques coûteront **26** fois **84** francs, ou **84** fr. ×**26**.

Multiplier **84** par **26**, c'est répéter le multiplicande **26** fois. Or, nous pouvons le répéter **6** fois par une multiplication du *second* cas, ce qui donne **504** unités; et **20** fois par une multiplication du *troisième* cas, ce qui donne **1.680** unités, ou **168** dizaines. En additionnant ces deux produits partiels, nous aurons bien **26** fois le multiplicande, ou le produit total. Ce produit est **2.184**.

$$\begin{array}{r} 84 \\ 26 \\ \hline \end{array}$$

6 fois le multiplicande, ou *produit des unités.*	·**504**
20 fois le multiplicande, ou *produit des dizaines.*	**168**.
26 fois le multiplicande, ou *produit total.*	**2184**

REMARQUE. — Dans la pratique, on n'écrit pas, à droite du produit des dizaines, le zéro qui est au rang des unités; il suffit de placer, au *rang des dizaines*, le *premier chiffre* que l'on obtient en multipliant par le *chiffre des dizaines*.

De même, on écrit, au *rang des centaines*, le *premier chiffre* que l'on obtient en multipliant par le *chiffre des centaines*, et ainsi de suite.

Ex. 324.	Ex. 325.	Ex. 326.	Ex. 327.
34×28= 952	74×34=2.516	68×37=2.516	74×24=1.776
52×37=1.924	58×43=2.494	59×28=1.652	83×32=2.656
43×29=1.247	92×37=3.404	67×34=2.278	94×29=2.726

Ex. 328.	Ex. 329.	Ex. 330.	Ex. 331.
48×37=1.776	78×45=3.510	95×35=3.325	97×79=7.663
77×43=3.311	54×83=4.482	64×46=2.944	84×37=3.108
99×39=3.861	97×37=3.589	74×47=3.478	49×97=4.753

§ 125. — Règle générale de la multiplication.

Pour faire la multiplication, on écrit le multiplicateur sous le multiplicande, et on tire un trait au-dessous. Puis, commençant par la droite, on multiplie tous les chiffres du multiplicande par chaque chiffre du multiplicateur.

On écrit les produits partiels sous le trait, en ayant soin de placer le premier chiffre à droite de chacun, au **même rang** que le chiffre du multiplicateur qui a servi à le produire.

On fait la **somme des produits** partiels.

Cette somme est le **produit total.**

Ex. 332.
$64 \times 56 = 3.584$
$37 \times 45 = 1.665$
$84 \times 53 = 4.452$

Ex. 333.
$68 \times 35 = 2.380$
$54 \times 48 = 2.592$
$79 \times 26 = 2.054$

Ex. 334.
$235 \times 28 = 6.580$
$624 \times 35 = 21.840$
$729 \times 82 = 59.778$

Ex. 335.
$742 \times 56 = 41.552$
$832 \times 73 = 60.736$
$689 \times 65 = 44.785$

Ex. 336.
$248 \times 342 = 84.816$
$542 \times 267 = 144.714$
$623 \times 425 = 264.775$

Ex. 337.
$736 \times 243 = 178.848$
$654 \times 256 = 167.424$
$324 \times 325 = 105.300$

Ex. 338.
$4.328 \times 243 = 1.051.704$
$5.647 \times 345 = 1.948.215$
$6.728 \times 439 = 2.953.592$

Ex. 339.
$8.358 \times 6.428 = 53.725.224$
$7.214 \times 3.426 = 24.715.164$
$5.423 \times 2.851 = 15.460.973$

REMARQUE I. — **Zéros intercalés dans le multiplicateur.**

Lorsque le multiplicateur renferme des zéros intercalés entre des chiffres significatifs, on néglige ces zéros ; mais on a soin de placer le premier chiffre à droite de chaque produit partiel, au **même rang** que le chiffre du multiplicateur par lequel on multiplie. — EXEMPLE :

$$\begin{array}{r} 743 \\ 602 \\ \hline 1486 \\ 4458.. \\ \hline 447286 \end{array}$$

1486 produit des unités.
4458.. produit des centaines, au rang des centaines.

Ex. 340.
$546 \times 206 = 112.476$
$843 \times 504 = 424.872$
$925 \times 403 = 372.775$

Ex. 341.
$275 \times 4.008 = 1.102.200$
$739 \times 2.009 = 1.484.651$
$8.427 \times 5.006 = 42.185.562$

Ex. 342.
$308 \times 542 = 166.936$
$709 \times 724 = 513.316$
$507 \times 602 = 305.214$

Ex. 343.
$4.072 \times 7.008 = 28.536.576$
$7.302 \times 5.024 = 36.685.248$
$8.004 \times 2.006 = 16.056.024$

REMARQUE II. — Zéros à la droite du multiplicande.

*Lorsque le multiplicande est terminé par des zéros, on les néglige momentanément (V. 3e cas). On commence alors la multiplication au premier chiffre significatif à droite; puis on écrit, à la droite du produit, **autant de zéros** qu'on en a négligé au multiplicande.*

EXEMPLE :

```
    7600    On néglige les deux zéros du multiplicande.
      23
```
```
     228
     152
```
```
  174800   On écrit au produit les deux zéros négligés
           à droite du multiplicande.
```

REMARQUE III. — Zéros à droite des deux facteurs.

*Lorsque les deux facteurs sont terminés par des zéros, on néglige tous ces zéros. On commence la multiplication à partir du premier chiffre significatif, dans le multiplicande et dans le multiplicateur; puis on écrit, à la droite du produit, **autant de zéros** qu'on en a négligé, **en tout**, dans les deux facteurs.*

EXEMPLE :

```
   4800    Deux zéros négligés au multiplicande.
    340    Un zéro négligé au multiplicateur.
```
```
    192
    144
```
```
 1632000  On écrit au produit les trois zéros négligés
          dans les deux facteurs.
```

Ex. 344.
$420 \times 7 = 2.940$
$790 \times 8 = 6.320$
$4.300 \times 6 = 25.800$
$5.400 \times 7 = 37.800$
$8.300 \times 9 = 74.700$

Ex. 345.
$4.300 \times 28 = 120.400$
$3.400 \times 46 = 156.400$
$7.600 \times 24 = 182.400$
$360 \times 40 = 14.400$
$800 \times 30 = 24.000$

Ex. 346.
$5.800 \times 20 = 116.000$
$7.400 \times 70 = 518.000$
$3.200 \times 90 = 288.000$
$4.900 \times 240 = 1.176.000$
$5.400 \times 370 = 1.998.000$

Ex. 347.
$4.070 \times 20 = 81.400$
$8.020 \times 30 = 240.600$
$9.100 \times 403 = 3.667.300$
$8.030 \times 604 = 4.850.120$
$9.700 \times 800 = 7.760.000$

Ordre des facteurs.

§ **126.** — *Le produit de deux facteurs ne change pas quand on intervertit l'ordre de ces facteurs,* c'est-à-dire quand on met le multiplicande à la place du multiplicateur, et le multiplicateur à la place du multiplicande.

EXEMPLE. — Nous voulons savoir combien il y a de billes dans ce tableau :

$$\begin{array}{l}
\text{⊙ ⊙ ⊙} = 3 \\
\text{⊙ ⊙ ⊙} = 3 \\
\text{⊙ ⊙ ⊙} = 3 \\
\text{⊙ ⊙ ⊙} = 3
\end{array}
\left.\begin{array}{l}
\\ \\ \\ \\
\end{array}\right\}
\begin{array}{l}
\text{Nombre de billes comptées} \\
\text{par lignes horizontales} \\
3 \times 4 = 12 \text{ billes.}
\end{array}$$

$$4 \quad 4 \quad 4$$

Nombre des billes comptées par lignes verticales. . . $4 \times 3 = 12$ billes.

1° Comptons-les d'abord en suivant les lignes **horizontales.** Nous en trouvons 3 dans chaque ligne ; et, comme il y a **4** lignes, le nombre total sera **3** billes répétées **4** fois, ou $3 \times 4 = 12$ billes.

2° Comptons-les ensuite en suivant les lignes **verticales.** Nous en trouvons **4** dans chaque ligne ; et, comme il y a **3** lignes, le nombre total sera **4** billes répétées **3** fois, ou $4 \times 3 = 12$ billes

CONCLUSION. — Ce sont les **mêmes billes** que nous avons comptées dans deux sens différents : nous devons par conséquent en trouver le **même nombre.**

Les deux résultats 3×4 et 4×3 doivent donc être égaux.

REMARQUE. — Lorsque le multiplicande a beaucoup moins de chiffres que le multiplicateur, on opère plus vite en intervertissant l'ordre des facteurs.

EXEMPLE :

$$\begin{array}{r}
7 \\
68543 \\
\hline
21 \\
28 \\
35 \\
56 \\
42 \\
\hline
479801
\end{array}
\qquad
\begin{array}{r}
68543 \\
7 \\
\hline
479801
\end{array}$$

Mais, dans la solution raisonnée des problèmes, on ne doit *jamais* intervertir l'ordre des facteurs.

Le raisonnement n'aurait point de sens si l'on mettait le multiplicande à la place du multiplicateur.

§ 127. — Unités du produit.

— Le produit exprime toujours des unités de même espèce que le *multiplicande*, puisqu'on le forme en répétant ce multiplicande un certain nombre de fois.

EXEMPLE. — Un lièvre coûte 8 francs. Combien coûteront 6 lièvres ? 6 lièvres coûteront 8 francs *répétés 6 fois*, ou 48 francs.

§ 128. — Preuve de la multiplication.

— Pour faire la preuve de la multiplication, on recommence l'opération *en intervertissant l'ordre des facteurs. On doit retrouver le* même produit *si les deux multiplications sont exactes.*

Première multiplication.	Preuve.
647	53
53	647
1941	371
3235	212
34291	318
	34291

Faites les multiplications suivantes et les preuves :

Ex. 348.

$438 \times 58 = 25.404$
$545 \times 64 = 34.880$
$697 \times 76 = 52.972$
$704 \times 47 = 33.088$

Ex. 349.

$548 \times 723 = 396.204$
$609 \times 764 = 465.276$
$708 \times 403 = 285.324$
$3.429 \times 205 = 702.945$

Ex. 350.

$4.307 \times 329 = 1.417.003$
$7.045 \times 703 = 4.952.635$
$9.004 \times 856 = 7.707.424$
$8.017 \times 508 = 4.072.636$

Ex. 351.

$6.439 \times 4.253 = 27.385.067$
$7.825 \times 3.476 = 27.199.700$
$8.007 \times 4.002 = 32.044.014$
$9.800 \times 7.640 = 74.872.000$

PROBLÈMES

Multiplications du quatrième cas, le multiplicateur ayant plusieurs chiffres significatifs.

Ex. 352. — Une page a 36 lignes; chaque ligne a 42 lettres. Combien y a-t-il de lettres dans la page ? — **R.** 1.512 lettres.

Ex. 353. — Une ménagère dépense 49 francs par semaine. Combien dépense-t-elle dans une année? [Une année a 52 semaines.] — **R.** 2.548 francs.

Ex. 354. — Un boulanger fait 143 pains par jour. Combien en fait-il en 56 jours ? — **R.** 8.008 pains.

Ex. 355. — Quel est le prix de 54 tonneaux de vin à 138 francs le tonneau ? — **R.** 7.452 francs.

Ex. 356. — Combien y a-t-il de mètres de drap dans 94 pièces qui en contiennent chacune 158 mètres ? — **R.** 14.852 mètres.

Ex. 357. — 46 bûcherons ont fait chacun 378 fagots. Combien ont-ils fait de fagots en tout ? — **R.** 17.388 fagots.

Ex. 358. — Un cheval parcourt 438 mètres en une minute. Quel chemin parcourt-il en 36 minutes ? — **R.** 15.768 mètres.

Ex. 359. — Quelle est la valeur de 58 montres à 239 francs la pièce ? — **R.** 13.862 francs.

Ex. 360. — Un train de chemin de fer est formé de 38 wagons contenant chacun 3.748 kilos de marchandises. Quel est le poids de toutes les marchandises contenues dans ce train ? — **R.** 142.424 kilos.

Ex. 361. — Combien y a-t-il de plumes dans 478 boîtes qui en contiennent chacune 144 ? — **R.** 68.832 plumes.

----

§ **129.** — EXEMPLE. — Quel est le prix de 5.398 mètres d'étoffe à 4 francs le mètre ?

```
5.398        RAISONNEMENT. — Le prix d'un mètre étant 4 francs,
    4      le prix de 5 398 mètres sera 5 398 fois plus grand,
-------     ou 4 × 5398 = 21.592 francs.
21.592      RÉPONSE: Le prix total de l'étoffe est 21.592 francs.
```

REMARQUE. — Pour effectuer plus rapidement la multiplication, nous avons pris 4 pour multiplicateur, parce qu'il n'a qu'un seul chiffre; mais, dans le raisonnement, on ne peut *jamais* changer l'ordre des facteurs.

Ex. 362. — Quel est le prix de 4.732 volumes, à 2 francs le volume? — **R.** 9.464 francs.

Ex. 363. — Une usine emploie 2.578 ouvriers qui sont payés en moyenne, chacun 4 francs par jour. Quelle somme faut-il pour payer une journée à tous ces ouvriers ? — **R.** 10.312 francs.

Ex. 364. — Il faut 3.947 pains de 2 kilos pour l'approvisionnement d'une garnison. Quel est le poids de cette fourniture de pain ? — **R.** 7.894 kilos.

Ex. 365. — On emploie 3 mètres de calicot pour faire une chemise. Combien en faudra-t-il de mètres pour 874 chemises ? — **R.** 2.622 mètres.

Ex. 366. — Un maître-maçon entreprend de construire un mur de 936 mètres de long, à raison de 6 francs le mètre. Quelle somme recevra-t-il pour la construction de ce mur ? — **R.** 5.616 francs.

Multiplications successives.

§ **130.** — Exemple. — Un marchand d'étoffe achète 8 pièces de velours de soie, de 52 mètres chacune, à 23 francs le mètre. Quelle somme faut-il pour payer ce velours ? — **R.** 5.616 francs.

23 francs
52 —

46
115

1196 —
8

9568 francs

Raisonnement. — *Cherchons d'abord le prix d'une pièce.*

Un mètre de velours coûte 23 francs; une pièce qui a 52 mètres, coûtera 52 fois plus, ou 23 fr. × 52 = 1.196 francs.

Le prix d'une pièce de velours est 1.196 francs; le prix de 8 pièces sera 8 fois plus grand, ou 1.196 fr. × 8 = 9.568 francs.

Réponse : *Le prix total du velours est* **9.568** *francs.*

Ex. 367. — Quel est le prix de 35 pièces de ruban de 25 mètres chacune, à 13 francs le mètre ? — **R.** 11.375 francs.

Ex. 368. — Un maître menuisier occupe 37 ouvriers qu'il paie en moyenne 4 francs par jour. Quelle somme faut-il pour les payer pendant 26 jours ? — **R.** 3.848 francs.

Ex. 369. — Une heure vaut 60 minutes, et une minute vaut 60 secondes. Combien y a-t-il de secondes dans une heure ? — **R.** 3.600 secondes.

Ex. 370. — Un jour a 24 heures. Combien y a-t-il de minutes dans un jour ? — **R.** 1.440 minutes.

Ex. 371. — Un bœuf consomme 9 kilos de foin par jour. Combien 12 bœufs en consommeront-ils en une année de 365 jours ? — **R.** 39.420 kilos.

Ex. 372. — Une teinturerie peut teindre, par jour, 28 pièces d'étoffe de 124 mètres chacune. Combien de mètres peut-elle teindre en 23 jours. — **R.** 90.272 mètres.

Ex. 373. — Combien y a-t-il de lettres dans un livre de 142 pages, si chaque page a 35 lignes, et chaque ligne 43 lettres ? — **R.** 213.710 lettres.

Ex. 374. — Quel est le prix de 415 douzaines de chemises à 7 francs la chemise ? — **R.** 34.860 francs.

Ex. 375. — Une personne respire en moyenne 18 fois par minute. Combien de fois respire-t-elle en un jour ? — **R.** 25.920 fois.

Ex. 376. — Quelle est la valeur des chevaux d'un escadron formé de 4 compagnies ayant chacune 145 chevaux, chaque cheval étant estimé 829 francs ? — **R.** 480.820 francs.

Ex. 377. — 12 pièces de vin fin, contenant chacune 235 litres, ont été vendues 4 francs le litre. Quel est le prix de ce vin ? — **R.** 11.280 francs.

PROBLÈMES SUR L'ADDITION, LA SOUSTRACTION ET LA MULTIPLICATION

§ 131. — EXEMPLE. — Une fermière ayant 3 francs dans son porte-monnaie, va au marché ; elle vend 8 kilos de beurre à 3 francs le kilo et 9 poulets à 2 francs la pièce, puis elle dépense 17 francs pour divers achats. Quelle somme lui reste-t-il ?

3 francs	2 francs	3 francs	45 francs
8 —	9 —	24 —	17
24 francs	18 francs	18 —	28 francs
		45 francs	

SOLUTION. — *Nous cherchons d'abord le produit de la vente du beurre et des poulets.*

8 kilos de beurre à 3 francs font : 3 fr. × 8 = 24 *francs.*
9 poulets à 2 francs font . . . 2 fr. × 9 = 18 *francs.*

Nous additionnons ces deux recettes et les 3 francs que possédait

la fermière, pour avoir la somme totale qu'elle possèderait, si elle n'avait rien dépensé : 3 fr. + 24 + 18 = 45 francs.

Puis, nous retranchons de cette somme les 17 francs que la fermière a dépensés pour divers achats : 45 — 17 = 28 francs.

RÉPONSE : *Il reste à la fermière* **28** *francs..*

Problèmes.

Ex. 378. — Un marchand de gibier possède 12 francs au commencement de la journée; il vend 15 lièvres à 6 francs la pièce; 23 perdrix à 2 francs chacune. Il reçoit un envoi de gibier qu'il paie 87 francs. Combien lui reste-t-il ? — **R.** 61 francs.

Ex. 379. — Un boucher vend 219 kilos de bœuf, 97 kilos de veau et 65 kilos de mouton à 2 francs le kilo. Quel est le poids de la viande qu'il a vendue, et quelle somme a-t-il reçue? — **R.** 381 kilos. — 762 francs.

Ex. 380. — Antoine a 245 francs à la caisse d'épargne; il se propose d'y verser le produit de 37 journées à 4 francs, que lui doit son patron. Quel sera le montant de son livret après ce versement ? — **R.** 393 francs.

Ex. 381. — Un marchand de nouveautés a reçu 285 mètres de drap, puis 76 mètres et ensuite 347 mètres. Il en vend 463 mètres à 14 francs le mètre. Quelle somme a-t-il reçue pour les mètres qu'il a vendus, et combien lui reste-t-il de mètres de drap? — **R.** Il a reçu 6.482 francs. — Il reste 245 mètres.

Ex. 382. — Une personne charitable prend un billet de 1.000 francs pour acheter des vêtements aux pauvres ; elle achète 76 chemises à 4 francs la pièce, 37 paires de souliers à 9 francs chacune et 54 paires de galoches à 2 francs la paire. Que lui reste-t-il de son billet de 1.000 francs ?— **R.** 255 francs.

Ex. 383. — Morel a vendu à un boucher 47 moutons, à 18 francs la pièce; mais il doit au boucher 458 francs. Combien le boucher redoit-il à Morel? — **R.** 388 francs.

Ex. 384. — Un vigneron a vendu 28 hectolitres de vin rouge, à 25 francs l'hectolitre, et 34 hectolitres de vin blanc à 47 francs. Quel est le montant de cette vente? — **R.** 2.298 francs.

DIVISION

---

§ **132.** — Pʀᴏʙʟᴇᴍᴇ. — Un instituteur veut partager **12** bons points entre **4** élèves. Combien chaque élève en aura-t-il ?

Il y a **4** élèves.   1ᵉʳ élève   2ᵉ élève   3ᵉ élève   4ᵉ élève

Donnons un bon point à chacun .

puis, un second bon point :

enfin un troisième :

Les **12** bons points sont distribués, e nous voyons que chaque élève en a **3**.

Nous avons partagé un nombre, **12** bons points, en autant de parties égales qu'il y a d'unités dans un autre, **4** élèves.

L'opération que nous venons de faire est une **division**.

§ **133.** — **Définition.** — La division est une opération par laquelle on partage un nombre *en autant de parties égales qu'il y a d'unités dans un autre.*

Le nombre à partager se nomme **dividende**.

Le nombre qui indique en combien de parties égales on doit partager le dividende est le **diviseur**.

Le résultat s'appelle **quotient** (c'est-à-dire, *combien de fois*).

Dans notre exemple, **12** est le *dividende,* **4** est le *diviseur,* **3** est le *quotient.*

Exercices oraux.

Ex. 385. — Quelle est la moitié de **10** pommes ? — **R.** 5 pommes.

— le tiers de **15** prunes ? — **R.** 5 prunes.

— le quart de **12** mètres ? — **R.** 3 mètres.

— le cinquième de **20** francs ? — **R.** 4 francs.

6.

§ 134. — Autre problème. — On a partagé **15** billes entre des enfants, en donnant **3** billes à chacun. Combien y avait-il d'enfants ?

Nous trouverons le nombre d'enfants en formant autant de groupes de **3** billes que nous pourrons en faire avec **15** billes

| 1re part | 2e part | 8e part | 4e part | 5e part |

Nous avons fait **5** groupes de **3** billes; il y a par conséquent **5** enfants.

Nous avons cherché combien de fois le nombre **3** est contenu dans **15**.

L'opération que nous avons faite est encore une **division**.

§ 135. — Autre définition de la division.

La **division** *est une opération par laquelle on cherche* **combien de fois un nombre est contenu dans un autre.**

Le nombre qui contient l'autre s'appelle **dividende**.
Le nombre contenu dans le dividende est le **diviseur**.
Le résultat se nomme **quotient**.

Dans cet exemple, **15** est le dividende, **3** est le diviseur et **5** est le quotient.

§ 136. — Signe de la division. — On indique une division en plaçant deux points superposés (:) entre le dividende et le diviseur.

Ces deux points s'énoncent *divisé par*.

Exemple. — L'expression **12** : **4** signifie que le nombre **2** doit être divisé par **4**, et s'énonce: **12** *divisé par* **4**.

§ 137. — Reste. — La division ne se termine pas toujours exactement.

Exemple. — Si nous voulons partager **14** bons points entre **4** élèves, après avoir donné **3** bons points à chacun, il restera **2** bons points non partagés : — **2** sera le *reste*.

REMARQUE I. — *Le* reste *est toujours* plus petit *que le* diviseur.

Dans l'exemple, **14** bons points divisés entre **4** élèves, si l'on écrivait **2** au quotient, le reste serait **6**.

Mais alors la division serait mal faite : car, avec les **6** bons points du reste, on en pourrait donner un de plus à chaque élève : ce qui augmenterait le quotient d'une unité.

Le quotient est **3**, et le reste est **2**.

REMARQUE II. — *Le* dividende *est égal au* produit *du* diviseur *multiplié par le* quotient, *si la division n'a pas de reste.*

Dans l'exemple **12** bons points divisés entre **4** élèves, le quotient est **3** bons points.

Il est facile de voir que si l'on répète **3** bons points autant de fois qu'il y a d'élèves, c'est-à-dire **4** fois, on obtiendra le nombre total de bons points, ou le dividende. Mais répéter **3** bons points **4** fois, c'est multiplier le quotient par le diviseur.

Donc, en multipliant le quotient par le diviseur, on obtient le dividende.

On pourrait dire également : *en* multipliant *le* diviseur *par le* quotient, *on obtient le* dividende (§ 126).

REMARQUE III. — *Si la division a* un reste, *le* dividende *est égal au* produit *du diviseur multiplié par le* quotient, plus le reste.

Dans l'exemple **14** bons points divisés entre **4** élèves, le quotient est **3** bons points et le reste, **2** bons points.

Ce reste est la différence qui existe entre **12** bons points, produit du diviseur par le quotient, et le dividende **14** bons points.

En ajoutant ces **2** bons points non partagés au produit **12**, on obtiendra le dividende **14**.

Ex. 386. — En 48 bûchettes, combien de fois 8 bûchettes ? = 6
En 56   —   —   7   —   = 8
En 81   —   —   9   —   = 9
En 63   —   —   9   —   = 7

§ 138. — Premier cas. — Le quotient et le diviseur n'ont qu'un seul chiffre.

Pour reconnaître que le quotient n'a qu'un seul chiffre, on écrit un zéro à la droite du diviseur.

Si le nombre ainsi obtenu est plus grand que le dividende, le quotient est plus petit que **10** et n'a qu'un chiffre.

EXEMPLE. — Soit à diviser **45** par **9**.

Nous avons vu (Remarque II) qu'en multipliant le diviseur par le quotient, on obtenait le dividende.

Si le quotient de **45** divisé par **9** était **10**, en multipliant le diviseur **9** par **10** nous obtiendrions le dividende; mais $9 \times 10 = 90$, nombre plus grand que le dividende **45**.

Le quotient est donc plus petit que **10** et par conséquent il n'a qu'un chiffre.

§ 139. — Règle. — *La division du premier cas se fait mentalement, au moyen de la table de multiplication.*

EXEMPLE. — Soit **45** : **9**.

Cherchons le dividende **45** parmi les multiples de **9**.
Nous voyons que c'est le *cinquième*: ce qui signifie que **5** fois **9** font **45**; — donc **5** est le *quotient*.

AUTRE EXEMPLE. — Soit **48** : **9**.

Cherchons le dividende **48** parmi les multiples de **9**.
Nous ne l'y trouvons pas; mais nous voyons qu'il est compris entre le *cinquième*, qui est **45**, et le *sixième*, qui est **54**.
Le plus grand nombre de fois que **9** est contenu dans **48** est **5** fois: donc **5** est le *quotient*. Mais il y a un *reste*, qui est **3**.

Exercices oraux.

Ex. 387. — Donnez les deux définitions de la *division*.

Ex. 388. — Montrez qu'il faut faire une *division* pour partager **20** cerises en *parts égales* de **5** cerises.

Ex. 389. — Montrez qu'il faut encore faire une *division* pour partager 24 noix entre 6 enfants.

Ex. 390. — Comment s'appelle le nombre qui *doit être divisé* par l'autre ?

Ex. 391. — Comment se nomme le nombre qui *est contenu* dans le *dividende* ?

Ex. 392. — Quel nom donne-t-on au *résultat* de la division ?

Ex. 393. — Montrez, par un exemple, ce que c'est que le *reste* de la division.

Ex. 394. — Le *reste* peut-il être *plus grand* que le *diviseur*, ou même *égal* au *diviseur* ?

Ex. 395. — Lorsque le diviseur *n'a pas de reste*, à quoi est égal le *produit* du *diviseur* multiplié par le *quotient* ?

Ex. 396. — Lorsque la division *a un reste*, que faut-il ajouter au *produit* du *diviseur* par le *quotient* pour avoir le *dividende* ?

Ex. 397. — Au moyen de quelle table fait-on la division du premier cas ?

Ex. 398. — Quelle est la moitié de 8, de 10, de 14, de 18, de 24 ?

Ex. 399. — Quel est le tiers de 6, de 12, de 15, de 21, de 27 ?

Ex. 400. — Quel est le quart de 8, de 12, de 20, de 28, de 32 ?

Ex. 401. — Quelle est la cinquième partie de 10, de 15, de 20, de 30, de 40 ?

Ex. 402. — Quelle est la sixième partie de 12, de 18, de 24, de 42, de 48 ?

Ex. 403. — Quelle est la septième partie de 14, de 21, de 35, de 42, de 56 ?

Ex. 404. — Quelle est la huitième partie de 16, de 24, de 40, de 48, de 72 ?

Ex. 405. — Quelle est la neuvième partie de 18, de 27, de 45, de 63, de 72 ?

Division du premier cas.

PROBLÈMES

§ 140. — 1º Le diviseur n'exprime pas des unités de même espèce que le dividende.

EXEMPLE. — 8 volumes ont coûté 32 francs. Quel est le prix du volume ?

32 | 8
———
    | 4

SOLUTION. — *Il faut partager 32 francs en 8 parties égales, par une division. 32 : 8 = 4.*
RÉPONSE : *Le prix d'un volume est 4 francs.*

Ex. 406. — 9 chaises ont coûté 45 francs. Quel est le prix d'une chaise ? — **R.** 5 francs.

Ex. 407. — 7 ouvriers ont fait 63 mètres d'ouvrage. Combien chacun en a-t-il fait ? — **R.** 9 mètres.

Ex. 408. — On a donné 35 sous à 7 pauvres. Quelle a été la part de chacun ? — **R.** 5 sous.

§ 141. — 2º Le diviseur exprime des unités de même espèce que le dividende.

EXEMPLE. — Une chemise coûte 7 francs. Combien en aura-t-on pour 42 francs ?

42 | 7
———
    | 6

SOLUTION. — *Autant de fois le prix d'une chemise est contenu dans 42 francs, autant on aura de chemises. 42 : 7 = 6.*
RÉPONSE : *On aura 6 chemises.*

Ex. 409. — Un chapeau coûte 8 francs. Combien aura-t-on de chapeaux semblables pour 56 francs ? — **R.** 7 chapeaux.

Ex. 410. — Combien achèterait-on, pour 27 francs, de poulets à 3 francs la pièce ? — **R.** 9 poulets

Ex. 411. — Combien y a-t-il d'ouvriers dans un chantier, s'ils gagnent chacun 7 francs par jour, et qu'il faille 63 francs pour les payer tous ? — **R.** 9 ouvriers.

Ex. 412. — Un décalitre de haricots pèse 8 kilos. Combien y a-t-il de décalitres dans un sac pesant 48 kilos ? — **R.** 6 décalitres.

§ 142. — Deuxième cas. — Le dividende et le diviseur ont plusieurs chiffres *et le quotient n'en a qu'un.*

§ 143. — Premier exemple. — Soit à diviser **264** par **83**.

```
Dividende . . .  264 │ 83   Diviseur.
                 249 │───
Reste . . . . .   15 │  3   Quotient.
```

Le dividende et le diviseur sont trop grands pour que nous voyions facilement combien de fois le diviseur est contenu dans le dividende; mais, si nous négligeons momentanément les unités dans ces deux nombres, il nous reste **26** *dizaines* à diviser par **8** *dizaines*.

Considérons les *dizaines* comme des *unités :* l'opération devient une division du *premier cas;* nous pouvons la faire mentalement. En **26**, combien y est-il de fois **8** ? — **3** fois.

Donc **3** est le *quotient cherché*.

Le produit du diviseur par le quotient **3** est **249**, que nous retranchons du dividende, ce qui nous donne pour *reste* **15**.

En opérant comme nous venons de le faire, on trouve *parfois* un chiffre *trop fort* de quelques unités.

Le chiffre essayé est trop fort, lorsque le produit du diviseur par ce chiffre est plus grand que le dividende.

Dans ce cas, on le diminue successivement d'une unité, jusqu'à ce que le produit du diviseur par ce chiffre puisse se retrancher du dividende.

§ 144. — Deuxième exemple. — Soit à diviser **573** par **69**.

```
              573 │ 69
              552 │───        9 fois 69 = 621
Reste . . . .  21 │  8
```

En n'opérant provisoirement qu'avec les *dizaines*, comme dans l'exemple précédent, nous disons :

En **57** *dizaines*, combien y est-il de fois **6** *dizaines* ? Il y est **9** fois. Mais **9** fois le diviseur **69** font **621**, nombre plus grand que le dividende. Le chiffre **9** est donc trop fort.

Essayons le chiffre **8**. **8** fois le diviseur **69** font **552**, nombre plus petit que le dividende. Le chiffre **8** est donc convenable : nous l'écrivons au quotient, et nous retranchons, du dividende, le produit du diviseur par **8** : ce qui donne pour reste **21**.

§ 145. — Règle de la division du deuxième cas.

Lorsque le dividende et le diviseur ont plusieurs chiffres, et que le quotient n'en doit avoir qu'un, **on divise mentalement par le chiffre des plus hautes unités du diviseur, les unités de même ordre du dividende,** *ce qui donne le chiffre du quotient ou un chiffre trop fort.*

On multiplie le diviseur par le chiffre ainsi obtenu.

Si le produit peut se retrancher du dividende, le chiffre essayé est convenable; on l'écrit au quotient.

Si la soustraction n'est pas possible, le chiffre essayé est trop fort; on le diminue successivement d'une unité, jusqu'à ce que la soustraction soit possible.

DISPOSITION DE L'OPÉRATION. — *On écrit le diviseur à droite du dividende en les séparant par un trait vertical.*

On souligne le diviseur par un trait horizontal et on écrit le quotient au-dessous.

Exercices écrits.

Ex. 413.	Ex. 414.	Ex. 415.	Ex. 416.
68 : 34 = 2	79 : 25 = 3	463 : 83 = 5	549 : 93 = 5
78 : 26 = 3	96 : 31 = 3	562 : 74 = 7	683 : 95 = 7
215 : 43 = 5	148 : 57 = 2	643 : 89 = 7	712 : 86 = 8
236 : 59 = 4	278 : 68 = 4	754 : 92 = 8	679 : 98 = 6
384 : 64 = 6	245 : 87 = 2	694 : 87 = 7	734 : 91 = 8

Division du deuxième cas.

PROBLÈMES

Ex. 417. — Un ménage dépense 46 francs par semaine. Combien de semaines mettra-t-il pour dépenser 322 francs? — **R.** 7 semaines.

Ex. 418. — Le gage d'une domestique est de 28 francs par mois. Combien met-elle de temps pour gagner 168 francs? — **R.** 6 mois.

Ex. 419. — On a compté 342 betteraves dans un champ où elles sont plantées par rangées de 38. Combien y a-t-il de rangées ? — **R.** 9 rangées.

Ex. 420. — Les tables d'une école ont été payées 68 francs chacune. Elles ont coûté, en tout, 476 francs. Combien a-t-on acheté de tables ? — **R.** 7 tables.

Ex. 421. — Un cheval consomme 245 kilos de foin par mois. Combien pourra-t-on nourrir de chevaux avec 2.368 kilos de foin ? Quelle quantité de foin restera-t-il à la fin du mois ? — **R.** 9 chevaux. — Reste, 163 kilogr. de foin.

Ex. 422. — Une fontaine donne 367 litres d'eau par heure. Combien met-elle d'heures pour fournir 2.202 litres ? — **R.** 6 heures.

Ex. 423. — Quel est le nombre qui est 95 fois plus petit que 570 ? — **R.** 6.

Ex. 424. — Je veux remplir des caisses égales avec des oranges. Chaque caisse en peut contenir 354; je possède 2.578 oranges. Combien remplirai-je de caisses et combien me restera-t-il d'oranges ? — **R.** 7 caisses. — Reste, 100 oranges.

Ex. 425. — Un chemisier emploie 834 mètres de calicot par mois. Il en a acheté 6.435 mètres. Pour combien de mois en aura-t-il, et quelle quantité de calicot lui restera-t-il à la fin du dernier mois ? — **R.** 7 mois. — Reste, 597 mètres.

Ex. 426. — 648 ouvriers tisseurs ont fait, en un jour, 3.888 mètres d'étoffe. Combien chacun en a-t-il fait ? — **R.** 6 mètres.

Ex. 427. — On veut partager 7.346 paires de sabots entre 945 pauvres. Combien chaque pauvre aura-t-il de paires, et combien en restera-t-il ? — **R.** 7 paires. — Reste, 731 paires.

Ex. 428. — Un bataillon composé de 843 hommes doit emporter 5.058 kilos de vivres. Quel poids chaque homme emportera-t-il ? — **R.** 6 kilos.

Ex. 429. — Un pépiniériste entreprend de planter d'arbres une portion de route à raison de 584 arbres par kilomètre. Il possède 4.672 arbres. Combien pourra-t-il planter de kilomètres ? — **R.** 8 kilomètres.

Ex. 430. — Un marchand a acheté 453 lièvres pour lesquels il a payé la somme de 4.077 fr. Quel est le prix de chaque lièvre ? — **R.** 9 francs.

7

§ 146. — Troisième cas. — Le dividende et le diviseur sont des nombres entiers quelconques, et le quotient a plusieurs chiffres.

EXEMPLE :

PROBLÈME. — On veut partager 798 francs entre 34 personnes. Quelle sera la part de chacune ?

	Dividende total	
Le 1ᵉʳ dividende partiel est 79 dizaines . .	**798**	**34**
	68	**23**
Deuxième dividende partiel	**118**	
	102	
Reste	**16**	

Partageons d'abord les plus hautes unités.

Nous ne pouvons pas donner une *centaine* à chaque personne, attendu que nous n'avons que **7** *centaines* et qu'il y a **34** *personnes*.

Convertissons les **7** *centaines* en *dizaines*, ce qui fait **70** *dizaines*, et 9 autres, qui sont au rang des dizaines, font **79** *dizaines*.

Considérons ces **79** *dizaines* comme des *unités*. Elles forment le *premier dividende partiel*. Nous divisons ce *dividende partiel* par **34**, comme s'il était seul, au moyen d'une division du *second cas*, ce qui nous donne, pour quotient, **2** *dizaines*, et pour reste **11** *dizaines*.

Nous écrivons **2** *dizaines* au quotient, et, pour indiquer que le chiffre 2 exprime des *dizaines*, nous marquons provisoirement la place des *unités* par un point.

Convertissons les **11** *dizaines* du reste en *unités simples*, ce qui fait **110** *unités simples*, et 8, qui sont au *dividende total*, font **118** *unités*.

Ces **118** *unités* forment le *deuxième dividende partiel*, que nous divisons par **34** au moyen d'une division du *second cas*.

Nous obtenons pour quotient **3** *unités*, que nous écrivons au quotient, au rang des *unités*, et nous avons pour reste **16** *unités*.

§ 147. — Règle générale de la division.

Pour faire la division, lorsque le dividende et le diviseur sont deux nombres entiers quelconques, et que le quotient doit avoir plusieurs chiffres, on sépare par un point, sur la gauche du dividende, autant de chiffres qu'il en faut pour former un nombre qui contienne au moins une fois, et pas 10 fois, le diviseur.

Ce nombre est le premier dividende partiel.

On cherche, par une division du second cas, combien de fois ce dividende partiel contient le diviseur. Ce nombre de fois est le premier chiffre à gauche du quotient.

On l'écrit au quotient; on multiplie le diviseur par ce chiffre, et on retranche le produit obtenu, du dividende partiel.

A la droite du reste, on abaisse le chiffre suivant du dividende total; le nombre que l'on forme ainsi est le deuxième dividende partiel, sur lequel on opère comme sur le précédent, pour avoir le deuxième chiffre du quotient.

On continue de la même manière jusqu'à ce qu'on ait abaissé tous les chiffres du dividende total.

Si un dividende partiel ne contient pas le diviseur, on écrit zéro au quotient et l'on abaisse le chiffre suivant du dividende total, à droite de ce dividende partiel.

Remarque. — A mesure qu'on abaisse les chiffres du dividende total, il est bon de les marquer par un point, que l'on place au-dessus de chacun d'eux. Sans cette précaution, on peut omettre un chiffre ou abaisser deux fois le même.

Ex. 431.	Ex. 432.	Ex. 433.	Ex. 434.
$768 : 24 = 32$	$1.478 : 35 = 42$	$10.062 : 43 = 234$	$15.647 : 51 = 306$
$952 : 34 = 28$	$2.629 : 42 = 62$	$23.598 : 54 = 437$	$38.489 : 65 = 592$
$1.075 : 43 = 25$	$3.724 : 53 = 70$	$30.104 : 53 = 568$	$69.416 : 83 = 836$
$1.554 : 37 = 42$	$4.564 : 64 = 71$	$35.784 : 63 = 568$	$54.704 : 92 = 594$
$1.014 : 39 = 26$	$4.834 : 58 = 83$	$81.988 : 82 = 1004$	$76.581 : 98 = 781$

§ 148. — Preuve de la division. — Nous avons vu *(Remarque II, p. 89)* que le dividende est égal au produit du diviseur multiplié par le quotient, lorsqu'il n'y a pas de reste, et *(Remarque III)* à la somme de ce produit et du reste, lorsque la division a un reste.

Ces remarques nous permettent de faire la preuve de la division.

Pour faire la preuve de la division, **on multiplie le diviseur** *par le quotient.*

Si la division n'a pas de reste, ce produit est égal au dividende ; si elle a un reste, **en ajoutant ce reste** *au produit, on obtient le dividende.*

EXEMPLE

	Division sans reste		Preuve
Dividende	912	38 Diviseur	38 Diviseur
	76	24 Quotient	24 Quotient
	152		152
	152		76
	000		912 Produit égal au dividende

AUTRE EXEMPLE

	Division avec reste		Preuve
Dividende	2498	54 Diviseur	54 Diviseur
	216	46 Quotient	46 Quotient
	338		324
	324		216
	14		2484 Produit
			14 Reste
			2498 Somme égale au dividende

EXERCICES. — Faites les divisions suivantes, et les preuves :

Ex. 435	Ex. 436	Ex. 437
1.904 : 34 = 56	3.478 : 46 = 75	26.403 : 56 = 471
1.008 : 28 = 36	5.283 : 65 = 81	20.524 : 48 = 427
1.554 : 42 = 37	7.402 : 92 = 80	34.253 : 64 = 535
3.402 : 63 = 54	8.004 : 96 = 83	40.781 : 78 = 522
5.695 : 85 = 67	7.752 : 84 = 93	59.417 : 97 = 612

Divisions du troisième cas.

PROBLÈMES

Ex. 438. — On voudrait partager 356 noix entre 9 personnes. Quelle sera la part de chaque personne, et combien restera-t-il de noix non partagées ? — **R.** 39 noix. — Reste 5.

Ex. 439. — 7 hectolitres de vin ont été payés 476 francs. Quel est le prix d'un hectolitre ? — **R.** 68 francs.

Ex. 440.— Un jardinier a planté 441 choux en 9 rangées. Combien y a-t-il de choux par rangée ? — **R.** 49 choux.

Ex. 441. — On divise, en 9 feuillettes, le vin contenu dans un grand tonneau de 504 litres. Combien y a-t-il de litres de vin dans chaque feuillette ? — **R.** 56 litres.

Ex. 442. — Un tisseur fait 8 mètres d'étoffe par jour. Combien de temps mettra-t-il pour tisser une pièce de 192 mètres ? — **R.** 24 jours.

Ex. 443.— Une douzaine de mouchoirs coûte 7 francs. Combien en aura-t-on de douzaines pour 301 francs ? — **R.** 43 douzaines.

Ex. 444. — Un poélier achète 43 fourneaux pour 1.505 francs. A combien lui revient la pièce ? — **R.** 35 francs.

Ex. 445. — En payant les moutons d'un troupeau 45 francs la pièce, il faudrait 3.015 francs pour acheter le troupeau. Combien y a-t-il de moutons ? — **R.** 67 moutons.

Ex. 446. — Un marchand de vin a acheté 87 hectolitres pour 3.741 francs. Quel est le prix de l'hectolitre ? — **R.** 43 francs.

Ex. 447. — La distance de Paris à Marseille est d'environ 861 kilomètres. Combien de temps un train qui fait 41 kilomètres à l'heure, mettra-t-il pour aller de Paris à Marseille? — **R.** 21 heures.

Ex. 448. — Quel est le nombre qui est 54 fois plus petit que 2.052 ? — **R.** 38.

Ex. 449. — Un champ planté de carottes en contient 1.564 en 46 lignes. Combien y a-t-il de carottes par ligne? — **R.** 34 carottes.

Ex. 450. — 35 montres ont été payées 2.730 francs. Quel est le prix d'une montre ? — **R.** 78 francs.

CHAPITRE IV

NOMBRES DÉCIMAUX

Les dixièmes.

§ 149. — NUMÉRATION PARLÉE.

On a quelquefois besoin de compter des parties d'unités.

1ᵉʳ EXEMPLE. — J'ai un gâteau à partager entre **dix** élèves. Pour donner une portion égale à chacun de ces élèves, en combien de morceaux faut-il couper le gâteau ?

Il faut couper le gâteau en **10 morceaux égaux.**

Quelle partie du gâteau représente chaque morceau? — Chaque morceau est un **dixième** du gâteau.

On peut compter par *dixièmes* comme par *unités;*
On dit : *un* dixième, *deux* dixièmes, *trois* dixièmes, etc.

Combien faut-il de *dixièmes* de gâteau pour faire le gâteau tout entier? — Il en faut **dix.**

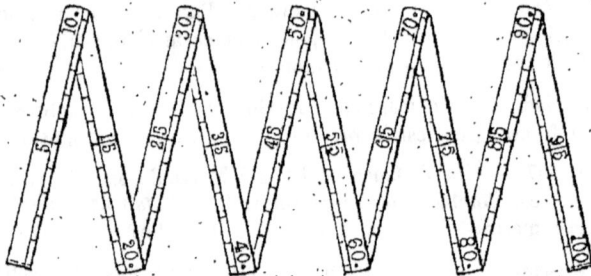

2ᵉ EXEMPLE. — (L'instituteur montrant un mètre pliant, dit :) Cette règle brisée est un **mètre.** C'est une unité. Lorsqu'on dit : ce mur a 5 mètres de long, quelle est l'unité? — C'est *un mètre.*

Eh bien, cette unité peut aussi se diviser en **dixièmes.** Les voici : chaque morceau de ce mètre pliant est un dixième. Comptons-les : *un* dixième, *deux* dixièmes, . . . *dix* dixièmes.

RÉSUMÉ. — **Une unité** *se divise en* **dix dixièmes.**
Les **dixièmes** *forment* le premier ordre décimal.

§ 150. — NUMÉRATION ÉCRITE. — Vous vous rappelez que tout chiffre *placé à la* **droite** *d'un autre, représente des unités* **10** *fois plus* **petites** *que celles de cet autre.*

D'après ce principe, si nous écrivons un chiffre à la *droite* des unités simples, quelles unités ce chiffre représentera-t-il ? — Des dixièmes.

Les **dixièmes** *s'écrivent au* **premier** *rang à* **droite** *des unités simples.*

EXEMPLES : **2** *unités,* **4** *dixièmes.*
6 *unités,* **3** *dixièmes.*

§ 151. — LA VIRGULE. — Mais si l'on ne désignait pas le chiffre des unités par le mot *unité*, placé à côté, ou par un signe convenu d'avance, on ne pourrait pas le reconnaître lorsqu'il y aurait d'autres chiffres à sa droite.

Pour reconnaître le chiffre des **unités** *simples, on est convenu de placer une* **virgule** *à sa* **droite.**

EXEMPLES : **2** *unités,* **4** *dixièmes* s'écrivent : **2,4.**
6 *unités,* **3** *dixièmes* — **6,3.**

§ 152. — LE ZÉRO. — *Lorsqu'il n'y a pas d'unités simples, on les remplace par un* **zéro.**

EXEMPLES : **7** *dixièmes* s'écrivent : **0,7.**
4 *dixièmes* — **0,4.**

Exercices oraux.

Ex. 451. — Combien y a-t-il de *dixièmes* de pomme dans *une* pomme ?

— de *dixièmes* d'orange dans *une* orange ?

— de *dixièmes* de mètre dans *un* mètre ?

Ex. 452. — Un grand gâteau a-t-il plus de dixièmes qu'un petit?

Ex. 453. — On verse, dans un vase, *un litre* de lait, en une seule fois, et, dans un second vase, *dix dixièmes de litre.* Y a-t-il plus de lait dans un vase que dans l'autre?

Ex. 454. — Combien remplirait-on de *bouteilles* de vin avec *trente dixièmes* de bouteilles ? — avec *cinquante dixièmes* ?

Combien ferait-on de *mètres* d'étoffe avec *vingt dixièmes* de mètre ? avec *quarante dixièmes* ?

Combien y a-t-il de litres et combien reste-t-il de *dixièmes* dans *trente-quatre dixièmes* de litre ? — dans *quinze dixièmes* ? — dans *vingt-huit dixièmes* ?

Ex. 455. — Dans un nombre décimal écrit en chiffres, quel signe place-t-on *à droite* des *unités simples*? — A quel *rang* place-t-on le chiffre des *dixièmes* ? — Lorsqu'il n'y a pas d'unités simples, comment les remplace-t-on ?

Exercices au tableau

Ex. 456. — Lisez les nombres suivants et écrivez-les ensuite en toutes lettres ?

4 gâteaux, 6	0 litre, 2	28 unités, 2	25,7
5 oranges, 4	0 mètre, 7	37,8	87,6
34 mètres, 5	0 orange, 5	43,9	0,5

Ex. 457.

98,5	94,2	0,4	0,1
602,4	503,7	5,9	92,4
4354,8	800,3	0,2	80,6

Ex. 458. — Écrivez en chiffres les nombres suivants ?

six pommes *cinq dixièmes,*   *quarante* litres, *trois dixièmes,*
treize poires, *deux dixièmes,*   *six dixièmes* de litre,
deux mètres, *sept dixièmes,*   *quatre* tonneaux, *huit dixièmes,*
neuf dixièmes de mètre,   *neuf dixièmes* de tonneau.

Ex. 459.

sept dixièmes de franc,   *cinq* unités, *trois dixièmes,*
cinq gâteaux, *six dixièmes,*   *trente* mètres, *neuf dixièmes,*
vingt unités, *huit dixièmes*   *zéro* unité, *deux dixièmes.*

Les centièmes.

§ **153.**. — NUMÉRATION PARLÉE. — Nous avons à partager entre **10** personnes un flacon de liqueur contenant un *dixième de litre*. La part de chaque personne sera *un dixième de dixième*.

Pour savoir comment nous devons appeler ce *dixième de dixième*, nous allons calculer ensemble combien il y en a dans l'unité entière, c'est-à-dire dans le *litre*.

    1 flacon, ou 1 dixième de litre, fait 10 parts.
    2 flacons, ou 2 dixièmes   —   font 20 parts.
    3 flacons, ou 3 dixièmes   —   — 30 parts.
    4 flacons, ou 4 dixièmes   —   — 40 parts.
    5 flacons, ou 5 dixièmes   —   — 50 parts.
    6 flacons, ou 6 dixièmes   —   — 60 parts.
    7 flacons, ou 7 dixièmes   —   — 70 parts.
    8 flacons, ou 8 dixièmes   —   — 80 parts.
    9 flacons, ou 9 dixièmes   —   — 90 parts.
   10 flacons, ou 10 dixièmes   —   — 100 parts.

Puisque le litre entier contient **100 parts**, chaque part est **un centième** de litre.

RÉSUMÉ. — **Une unité** *se divise en* **cent centièmes.**
Un dixième *vaut* **dix centièmes.**
Les **centièmes** *forment le* **deuxième ordre décimal.**

§ **154.** — NUMÉRATION ÉCRITE DES CENTIÈMES. — Rappelons encore ce principe de la numération écrite :
Tout chiffre placé à la droite d'un autre, exprime des unités **10** *fois plus petites que celles de cet autre.*
D'après ce principe, les **centièmes** étant **10** *fois plus petits que les dixièmes, s'écrivent à droite des dixièmes, c'est-à-dire au* **deuxième rang**, *à* **droite** *des unités.*

EXEMPLES : 6 *unités,* 3 *dixièmes,* 5 *centièmes* s'écrivent : 6,35.
         4 *unités,* 7 *dixièmes,* 8 *centièmes*   —   4,78.
         0 *unité,* 2 *dixièmes,* 9 *centièmes*   —   0,29 .

7.

Exercices oraux (dixièmes et centièmes).

Ex. 460. — Combien y a-t-il de *centièmes* de mètre dans *un mètre* ? — de *centièmes* de litre dans *un litre?*

Ex. 461. — Combien ferait-on de *mètres* avec *quatre cents centièmes* de mètres ? — de litres avec *trois cents centièmes* de litres ?

Ex. 462. — Combien *un dixième* de mètre vaut-il de *centièmes* de mètre ?

— *deux dixièmes* de gâteau valent-ils de *centièmes* de gâteau ?

Ex. 463. — Combien ferait-on de *dixièmes* de mètre avec *dix centièmes* de mètre ?

— de *dixièmes* de gâteau avec *vingt centièmes* de gâteau ?

Ex. 464. — Décomposez en *dixièmes* et en *centièmes* les nombres suivants :

quarante-trois centièmes de mètre,
vingt-cinq centièmes de franc,
trente-huit centièmes d'un tonneau.

Ex. 465. — A quel *rang* place-t-on le chiffre des *centièmes* ?

Lorsqu'un nombre renferme des *centièmes* et point de *dixièmes*, par quoi remplace-t-on les *dixièmes* ?

Exercices au tableau.

Ex. 466. — Lisez les nombres suivants, et écrivez-les en remplaçant les nombres écrits en chiffres par leurs noms en lettres :

3 mètres, 25	0 mètre, 64	15 unités, 64
6 litres, 48	0 litre, 08	18,23

Ex. 467. — Écrivez en chiffres les nombres suivants :

deux mètres, *quarante-six centièmes* ; *trois* unités, *douze centièmes* ; *vingt-six* litres, *trente-huit centièmes* ; point d'unités, *trente-neuf centièmes.*

Les millièmes.

§ 155. — NUMÉRATION PARLÉE. — Chaque centième se divise en *dix* parties égales, appelées **millièmes**, parce qu'il y en a **mille** dans l'unité.

RÉSUMÉ. — **Une** *unité* vaut **mille** *millièmes*.
Un *dixième* vaut **cent** *millièmes*.
Un *centième* vaut **dix** *millièmes*.

Les **millièmes** *forment le* **troisième ordre décimal.**

§ 156. — NUMÉRATION ÉCRITE. — *Les millièmes, formant le* **troisième ordre** *décimal, s'écrivent au* **troisième rang** *à* **droite** *des unités.*

EXEMPLE : *4 unités, 2 dixièmes, 5 centièmes, 3 millièmes s'écrivent :* **4,253.**

Exercices oraux (dixièmes, centièmes et millièmes).

Ex. 468. — Combien y a-t-il de *millièmes* de mètre dans *un* mètre ? — de *millièmes* de litre dans *un litre* ?

Ex. 469. — Combien *cinq dixièmes* de litre valent-ils de *centièmes* ? — de *millièmes* ?

Ex. 470. — Décomposez en *dixièmes, centièmes et millièmes* les nombres suivants :

six cent quarante-deux millièmes de litre,
trois cent cinquante-huit millièmes de mètre.

Ex. 471. — A quel *rang* place-t-on le chiffre des *millièmes* ?

Exercices au tableau.

Ex. 472. — Lisez les nombres suivants et écrivez-les en toutes lettres :

4 mètres,567	37 unités, 245	142,985
0 mètre, 306	19,014	3,007

Ex. 473. — Écrivez en chiffres les nombres suivants :

Cinq mètres, cent douze millièmes,   Six cent vingt-sept millièmes,
Deux litres cent quinze millièmes,   Trente-huit millièmes.

Énonciation d'un nombre décimal.

§ 157. — *Règle.* — *Pour énoncer un nombre renfermant plusieurs ordres décimaux, on réduit tous les ordres en celui de la plus petite espèce.*

EXEMPLE. — Pour énoncer le nombre formé de *trois* dixièmes et de *quatre* centièmes, on réduit les dixièmes en centièmes, et l'on dit : *trente-quatre centièmes.*

Trois sortes de nombres.

§ 158. — **Nombre entier.** — Un nombre qui ne renferme que des unités entières est appelé *nombre entier.*

EXEMPLES : *quatre* mètres, — *cinq* bouteilles.

§ 159. — **Fraction décimale.** — Une *fraction décimale* est un nombre qui ne renferme point d'unités entières, mais seulement des dixièmes, des centièmes, des millièmes, etc.

EXEMPLES : *six dixièmes* de gâteau.
vingt-cinq centièmes de mètre.

§ 160. — **Nombres décimaux.** — La réunion d'un nombre entier et d'une fraction décimale forme un *nombre décimal.*

Le *nombre entier* faisant partie d'un nombre décimal, se nomme *partie entière*, et la *fraction* est appelée *partie décimale.*

EXEMPLE : *Trente-quatre unités, vingt-huit* centièmes, **34,28.**

Partie entière.   Partie décimale.

REMARQUE. — Les parties d'unités, dans un nombre décimal, sont de **dix** en **dix** fois plus petites en allant de gauche à droite.

Ainsi *une unité* vaut *dix dixièmes, un dixième* vaut *dix centièmes, un centième* vaut *dix millièmes.*

§ 161. — Tableau synoptique des ordres entiers et des ordres décimaux.

Partie Entière						Virgule	Partie Décimale			
DEUXIÈME CLASSE			PREMIÈRE CLASSE							
ORDRES ENTIERS							ORDRES DÉCIMAUX			
6ᵉ	5ᵉ	4ᵉ	3ᵉ	2ᵉ	1ᵉʳ	,	1ᵉʳ	2ᵉ	3ᵉ	4ᵉ
Centaines de mille	Dizaines de mille	Unités de mille	Centaines simples	Dizaines simples	Unités simples		Dixièmes	Centièmes	Millièmes	Dix-millièmes

Lecture des nombres décimaux.

§ 162. — Règle. — *Pour lire un nombre décimal, on lit d'abord la partie entière, comme si elle était seule, puis la partie décimale comme un nombre entier, en la faisant suivre du nom des unités exprimées par le dernier chiffre à droite.*

EXEMPLES. —

4,6	se lit :	4 unités, 6 *dixièmes*.
37,25	—	37 unités, 25 *centièmes*.
0,012	—	(0 unité,) 12 *millièmes*.

Écriture des nombres décimaux.

§ 163. — Règle. — *Pour écrire un nombre décimal, on écrit d'abord la partie entière, comme si elle devait être seule, ou le zéro qui en tient lieu, puis une virgule.*

A droite de la virgule, on écrit la partie décimale, comme un nombre entier, en ayant soin de placer entre la virgule et ce nombre, un ou plusieurs zéros, si c'est nécessaire, pour que le dernier chiffre exprime les unités décimales dictées.

EXEMPLE. — *Cinq unités, six centièmes :* **5,06**

Nous écrivons d'abord la partie entière 5 unités, puis une virgule, et, à droite de la virgule, le nombre 6, qui représente la partie décimale; mais, comme le chiffre 6 doit exprimer des centièmes, il doit être au *deuxième* rang, à droite de la virgule.

Il faut, par conséquent, placer un zéro au premier rang pour remplacer les dixièmes : **5,06**.

Exercices oraux.

Ex. 474. — *Un mètre* se divise en combien de *dixièmes ?* — de *centièmes ?* — de *millièmes ?*

Ex. 475. — Un grand tonneau se divise-t-il en plus de *centièmes* qu'un petit tonneau ?

Ex. 476. — Combien ferait-on

de *millièmes* de mètre avec *6 dixièmes, 7 centièmes* et *5 millièmes ?*
de *millièmes* de gramme avec *9 centièmes* et *8 millièmes ?*
de *millièmes* de litre avec *5 dixièmes* et *4 millièmes ?*

Ex. 477. — Les *dixièmes* sont de quel *ordre décimal ?* Ils s'écrivent à quel *rang ?*

Les *centièmes* sont de quel *ordre décimal ?* Ils s'écrivent à quel *rang ?*

Les *millièmes* sont de quel *ordre décimal ?* Ils s'écrivent à quel *rang ?*

Exercices au tableau.

Ex. 478. — Lisez les nombres suivants, et écrivez-les en toutes lettres :

4,645	39,708	2.604,475
2,27	0,097	17.901,078
48,05	3,08	65.349,405

Ex. 479. — Écrivez en chiffres les nombres suivants

3 mètres, 4 dixièmes,   36 unités, 6 dixièmes, 2 centièmes,
9 mètres, 8 centièmes,   9 unités, 4 centièmes, 1 millième,
6 dixièmes de litre,   soixante-dix millièmes.

Application des principes de la numération.

§ 164. — Rendre un nombre entier 10 fois, 100 fois, 1.000 fois plus grand.

On rend un nombre entier :

10 *fois plus grand en écrivant* **un zéro** *à sa droite.*
100 *fois plus grand en écrivant* **deux zéros** —
1.000 *fois plus grand en écrivant* **trois zéros** —

EXEMPLE. — Soit à rendre 10 fois plus grand le nombre 8.

Écrivons un zéro à la droite de ce nombre : = 80.

Le zéro a fait reculer d'un rang vers la gauche le chiffre **8**; il l'a fait passer du rang des unités au rang des dizaines :
Au lieu de **8** unités nous avons 8 dizaines.
Le nombre **8** unités, en devenant **8** dizaines, est devenu dix fois plus grand.

Donc, *on rend un nombre entier* **10** *fois plus grand* en écrivant un zéro à sa droite (v. § 120).

§ 165. — On ferait le même raisonnement pour démontrer qu'on rend un nombre entier **100** *fois* plus grand en écrivant **deux** *zéros* à sa droite, et qu'on le rend **1.000** *fois* plus grand en écrivant **trois** *zéros.*

EXEMPLES :

Nombres donnés..........	6	43	175
Rendus 10 fois plus grands.	60	430	1 750
— 100 fois plus grands.	600	4 300	17 500
— 1.000 fois plus grands.	6 000	43 000	175 000

Ex. 480. — EXERCICE ÉCRIT. — Rendez 10 fois, 100 fois, 1.000 fois plus grands les nombres suivants en les disposant comme ci-dessus :

7   52   943   6024   70

§ **166.** — **Règle.** — *On rend un nombre décimal* **10** *fois,* **100** *fois,* **1.000** *fois plus* **grand,** *en avançant la virgule d'un rang, de* **deux** *rangs, de* **trois** *rangs vers la* **droite.**

EXEMPLES :

Nombres donnés.	4,738	5,7
Rendus **10** fois plus grands . . .	47,38	57,
— **100** — . . .	473,8	570,
— **1.000** — . . .	4738,	5700,

Ex. 481. — Rendez 10 fois, 100 fois, 1.000 fois plus grands les nombres suivants :

| 5,649 | 87,954 | 8,3 | 0,637 |
| 67, 32 | 5,844 | 93,7 | 0,5784 |

§ **167.** — **Règle.** — *Pour rendre un nombre* **entier 10** *fois,* **100** *fois,* **1.000** *fois plus* **petit,** *on sépare, par une virgule, à la droite de ce nombre,* **un, deux** *ou* **trois** *chiffres décimaux.*

EXEMPLES :

Nombres donnés.	8435	79
Rendus **10** fois plus petits . .	843,5	7,9
— **100** fois plus petits . .	84,35	0,79
— **1.000** fois plus petits . .	8,435	0,079

Ex. 482. — Rendez 10 fois, 100 fois, 1.000 fois plus petits les nombres suivants :

| 4.823 | 7.895 | 9.840 | 8.000 |
| 7.845 | 644 | 3.828 | 9.329 |

§ 168. — Règle. *Pour rendre un nombre décimal* **10** *fois,* **100** *fois,* **1.000** *fois plus* **petit,** *on recule la virgule* **d'un** *rang, de* **deux** *rangs ou de* **trois** *rangs vers la* **gauche.**

EXEMPLES :

Nombres donnés	6408,5	527,3
Rendus **10** fois plus petits .	640,85	52,73
— **100** fois plus petits .	64,085	5,273
— **1.000** fois plus petits .	6,4085	0,5273

Ex. 483. — Rendez 10 fois, 100 fois, 1.000 fois plus petits les nombres suivants :

4538,7   5034,6   7602,8   5028,4

PROBLÈMES

Ex. 484. — Un chapeau coûte 8 francs; combien coûteront 10 chapeaux? — 100 chapeaux? — 1.000 chapeaux? — **R.** 80 fr. — 800 fr. — 8.000 fr.

Ex. 485. — Un mouton vaut 24 francs; combien valent 10 moutons? — 100 moutons? — 1.000 moutons? — **R.** 240 fr. — 2.400 fr. — 24.000 fr.

Ex. 486. — Une boîte de plumes coûte 1 fr 75 c.; combien coûteront 10 boîtes? — 100 boîtes? — 1.000 boîtes? — **R.** 17 fr., 50 — 175 fr. — 1.750 fr.

Ex. 487. — Un fagot de bois vaut 15 centimes; combien vaut un cent de fagots? — **R.** 15 fr.

Ex. 488. — 10 mètres d'étoffe coûtent 87 francs; quel est le prix d'un seul mètre? — **R.** 8 fr., 70 c.

Ex. 489. — La nourriture de 1.000 soldats a coûté 1.845 francs; à combien revient celle d'un soldat? — **R.** 1 fr., 845.

Ex. 490. — 100 pommes ont coûté 2 francs; à combien revient une pomme? — **R.** 0 fr., 02 c.

Ex. 491. — 1.000 kilogrammes de foin sont vendus 65 francs; quel est le prix d'un kilogramme? — **R.** 0 fr., 065 c.

Ex. 492. — Un ouvrier gagne 5 fr. 40 c. par jour; combien 10 ouvriers gagneront-ils en un jour? — puis en 10 jours? — **R.** 54 fr. — 540 fr.

CHAPITRE V

SYSTÈME MÉTRIQUE

MESURES DE LONGUEUR

§ **169.** — *Le Maître* : Vous avez tous vu vendre de l'étoffe, de la toile. Que fait le marchand pour savoir à quel endroit il doit couper le morceau d'étoffe qu'on lui demande ?

L'Élève : Il le *mesure*.

Le Maître : Avec quoi le mesure-t-il ? — R. Avec une espèce de règle que l'on appelle **mètre**.

§ **170.** — LE MÈTRE EST UNE UNITÉ. — Vous vous rappelez que l'**unité** *est un des objets que l'on compte*.

Quand on compte des mètres sur une pièce d'étoffe, bien que ces mètres ne soient pas séparés les uns des autres, ce sont tout de même **des unités.**

§ **171.** — DÉFINITION DU MÈTRE. — **Le mètre est** l'unité de longueur.

§ **172.** — LONGUEUR DU MÈTRE. — **La longueur du mètre est fixée par la loi.**

En attendant que nous étudiions l'histoire du mètre, nous allons en dire quelques mots.

La *terre est ronde*, comme une boule.

Elle *tourne* sur elle-même en 24 heures, comme une orange autour d'une aiguille qui la traverserait par le milieu.

Fig. 1   Globe terrestre

La ligne imaginaire (1) autour de. laquelle la terre tourne se nomme **axe.**

§ 173. — Les deux extrémités de l'axe sont les **pôles.**

On nomme **méridien**, une ligne *imaginaire* qui fait le tour de la terre en passant par les pôles.

§ 174. — Un méridien a *quarante millions* de mètres (40.000.000ᵐ). Il y en a *vingt millions* dans la moitié, et, par conséquent, *dix millions* dans le quart du méridien.

§ 175. — Le mètre est la dix-millionième partie du quart du méridien terrestre.

§ 176. — FORME DU MÈTRE. — Le mètre a généralement la forme d'une règle. Mais on fait aussi des mètres pliants en bois, en corne et en cuivre (fig. 4) et des mètres à ruban, en toile et en cuir (fig. 2).

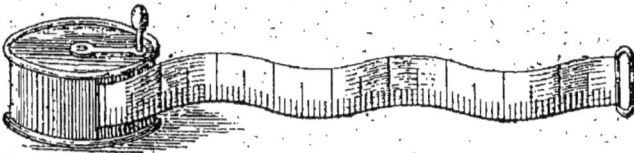

Fig. 2. Mètre à ruban.

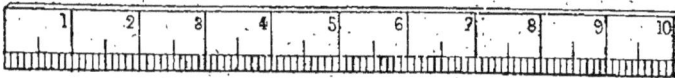

Fig. 3. Décimètre, réduit aux 8 dixièmes.

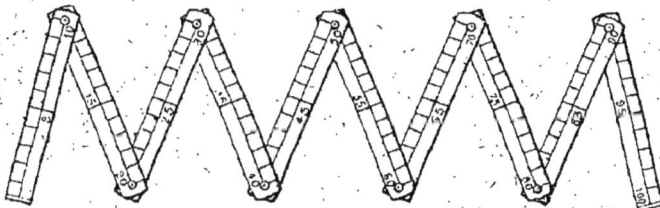

Fig. 4. Mètre pliant

(1) On l'appelle imaginaire parce qu'elle n'existe point en réalité. Il n'y a point de lignes tracées ni au travers, ni autour de la terre ; mais, pour indiquer les différents points de la terre, on a *imaginé* de tracer des lignes qui servent à en déterminer la position.

§ 177. — Usage du mètre. — Le mètre sert à mesurer les **longueurs**, comme celles d'un morceau d'étoffe, d'un mur, la hauteur d'une maison, la profondeur d'un puits, etc.

§ 178. — Les dimensions que l'on désigne sous les noms de *largeur*, d'*épaisseur*, de *hauteur* et de *profondeur* sont toutes des *longueurs*.

§ 179. — Lorsqu'on a une grande longueur à mesurer ou à indiquer, comme la distance d'une ville à une autre, une unité plus grande que le mètre est plus commode, parce qu'elle permet d'exprimer la distance à l'aide d'un plus petit nombre.

De même, lorsqu'on mesure une petite longueur, comme l'épaisseur d'une planche ou d'une règle, on a besoin d'une unité plus petite.

§ 180. — Il est donc nécessaire d'avoir plusieurs unités de longueur, les unes plus grandes que le mètre, et les autres plus petites.

§ 181. — Il y a huit unités de longueur. Ce sont :

		Signes abréviatifs			
MULTIPLES DU MÈTRE	Le myriamètre	(Mm)	qui vaut	10 000	mètres
	Le kilomètre	(Km)	—	1 000	mètres
	L'hectomètre	(Hm)	—	100	mètres
	Le décamètre	(Dm)	—	10	mètres
UNITÉ PRINCIPALE	Le **mètre**	(m)	—	1	mètre
SOUS-MULTIPLES DU MÈTRE	Le décimètre	(dm)	qui vaut	0,1	de mètre
	Le centimètre	(cm)	—	0,01	de mètre
	Le millimètre	(mm)	—	0,001	de mètre

§ 182. — Multiples du mètre. — Les unités plus grandes que le mètre, le *myriamètre*, le *kilomètre*, l'*hecto-mètre* et le *décamètre* sont appelées **multiples du mètre.**

Elles servent à mesurer les grandes distances.

§ 183. — Lorsqu'elles servent à mesurer les chemins, on les appelle **mesures itinéraires.**

§ 184. — Le kilomètre est la mesure itinéraire la plus usitée.

Sur les routes, les kilomètres sont indiqués par de grosses pierres taillées, appelées *bornes kilométriques.*

§ 185. — Quelquefois, entre deux bornes kilométriques consécutives, les *dix* hectomètres intermédiaires sont marqués par *neuf* bornes plus petites.

§ 186. — Sous-multiples du mètre. — Les unités plus petites que le mètre, le *décimètre*, le *centimètre* et le *millimètre*, sont les **sous-multiples** du mètre.

La plupart des ouvriers, tels que les tailleurs, les serruriers, les menuisiers, etc., se servent journellement des sous-multiples du mètre, surtout du centimètre.

§ 187. — Les trois unités les plus employées sont le *kilomètre*, le *mètre* et le *centimètre.*

§ 188. — Les noms des *multiples* sont formés de quatre mots grecs *myria, kilo, hecto, déca*, suivis du mot *mètre*. Ces mots servent également à former les noms des multiples des autres mesures du système métrique; il importe d'en bien connaître la signification.

Myria signifie dix mille . .	10 000
Kilo — mille	1 000
Hecto — cent	100
Déca — dix	10

§ 189. — Les noms des *sous-multiples* sont formés de trois mots latins, *deci, centi, milli*, suivis du mot *mètre*. Ces mots servent aussi à former les noms des sous-multiples des autres mesures du système métrique.

> Deci signifie **dixième partie** . . 0,1
> Centi — centième partie . 0,01
> Milli — millième partie . . . 0,001

§ 190. — **Grandeur relative des unités de longueur.** — Les unités de longueur sont de **dix en dix** fois plus grandes, en allant des plus petites aux plus grandes, comme les ordres d'unités, dans la numération.

Ainsi :

> **10** *centimètres* font **1** *décimètre.*
> **10** *décimètres* font **1** *mètre.*
> **10** *mètres* font **1** *décamètre.*
> **10** *décamètres* font **1** *hectomètre.*
> **10** *hectomètres* font **1** *kilomètre.*
> **10** *kilomètres* font **1** *myriamètre.*

§ 191. — REMARQUE. — Lorsqu'un nombre décimal exprime des *mètres*, les chiffres à *gauche* des unités expriment des *multiples* du mètre, et les chiffres à *droite* de la virgule représentent des *sous-multiples*.

EXEMPLE :

Multiples					Sous-multiples		
8	5	3	4	7	6	2	9
myriam.	kilom.	hectom.	décam.	mètres.	décim.	centim.	millim.

§ 192. — **Changement d'unité.** — Quand un nombre exprime des unités de longueur, on peut changer l'unité en déplaçant la virgule.

EXEMPLE. — La distance de deux villages est 4.672^m,5. Si l'on veut exprimer cette même distance en hectomètres, il suffit de placer la virgule à droite des centaines, puisque les *hectomètres* sont des *centaines de mètres*. On obtient 46^{hm},725.

La même distance, exprimée en *kilomètres*, serait 4^{Km},6725.

Exercices oraux.

Ex. 493. — Quelle est l'unité principale de longueur ?

Ex. 494. — Quelle est la forme de la terre ?

Ex. 495. — Comment se nomme la ligne *imaginaire* autour de laquelle la terre tourne ? — Pourquoi dit-on que cette ligne est imaginaire ?

Ex. 496. — Comment se nomment les deux extrémités de l'*axe* ?

Ex. 497. — Comment s'appelle le cercle qui passe par les deux pôles ?

Ex. 498. — Combien y a-t-il de mètres dans la longueur du *méridien* ? — dans la moitié du méridien ? — dans le quart du méridien ?

Ex. 499. — Que mesure-t-on avec le mètre ?

Ex. 500. — Nommez les *multiples* du mètre, en indiquant leur valeur en mètres.

Ex. 501. — Nommez les *sous-multiples* du mètre, en indiquant quelle partie du mètre chacun représente.

Ex. 502. — Combien y a-t-il d'unités de longueur ?

Ex. 503. — Pourquoi a-t-on fait plusieurs unités de longueur ?

Ex. 504. — Quelles sont les longueurs que l'on mesure avec les multiples du mètre ?

Ex. 505. — Que mesure-t-on avec les sous-multiples du mètre ?

Ex. 506. — Citez des ouvriers qui se servent des sous-multiples du mètre dans leurs métiers.

Ex. 507. — Que signifient les mots : *déca* ? — *hecto* ? — *kilo* ? — *myria* ?

Et ces autres mots : *déci* ? — *centi* ? — *milli* ?

Ex. 508. — Combien de fois les unités de longueur sont-elles plus grandes les unes que les autres; en allant des plus petites aux plus grandes ?

Ex. 509. — Montrez qu'elles sont de *dix* en *dix* fois plus grandes en les comparant deux à deux.

Ex. 510. — Lorsqu'un nombre décimal exprime des mètres, quelle unité de longueur est représentée par le chiffre des dizaines ? — par celui des centaines ? — par celui des unités de mille ? — par celui des dixièmes ? — par celui des centièmes ? — par celui des millièmes ?

Exercices au tableau.

Ex. 511. — Écrivez en chiffres les nombres suivants :

En prenant pour unité le **mètre**.

Soixante-deux *mètres*, trente-six *centimètres* . .	62^m,36
Quinze *mètres*, sept *centimètres*	15^m,07
Cent douze *mètres*, trente-cinq *millimètres*. . .	112^m,035
Trois *décamètres*, quatre *mètres*, neuf *décimètres*.	34^m,9

Ex. 512. — En prenant pour unité, le **décamètre**.

Quarante-deux *décamètres*, six *mètres*	42^{Dm},6
Soixante *décamètres*, trois *mètres*, cinq *décimètres*.	60^{Dm},35
Douze *hectomètres*, quarante-cinq *décimètres* . .	120^{Dm},45

Ex. 513. — Écrivez en chiffres les nombres suivants :

En prenant pour unité l'**hectomètre**.

Vingt-cinq *hectomètres*, deux *décamètres*.	25^{Hm},2
Cent-neuf *hectomètres*, vingt-huit *mètres*. . . .	109^{Hm},28
Trois *hectomètres*, deux *mètres*	3^{Hm},02
Sept *kilomètres*, quinze *mètres*	70^{Hm},15

Ex. 514. — En prenant pour unité le **kilomètre**.

Six *kilomètres*, cent dix-neuf *mètres*	6^{Km},119
Trois *kilomètres*, huit *décamètres*	3^{Km},08
Neuf *myriamètres*, vingt-cinq *mètres*.	90^{Km},025

MESURES DE CAPACITÉ

§ 193. — Les vases qui servent à mesurer les liquides et les grains, comme le vin et le blé, sont des *mesures de capacité*.

§ 194. — DÉFINITION. — Le **litre** est l'unité principale de capacité.

C'est un vase d'une grandeur déterminée par la loi.

EXEMPLE.— Quand on dit qu'un tonneau est de 225 litres, cela signifie que la *contenance* du tonneau est 225 fois celle du litre.

§ 195. — Le litre n'a que *deux multiples* et *deux sous-multiples* usités.

			signes abréviatifs		
MULTIPLES DU LITRE	{	L'hectolitre (Hl) qui vaut		100	litres.
		Le décalitre (Dl)	—	10	litres.
UNITÉ PRINCIPALE	}	Le **litre** (l)	—	1	litre.
SOUS-MULTIPLES DU LITRE	{	Le décilitre (dl)	—	0,1	du litre.
		Le centilitre (c l)	—	0,01	du litre.

§ 196. — **Grandeur** relative des unités de capacité. — Les mesures de capacité sont de **10** en **10** fois plus grandes, en allant des plus petites aux plus grandes, comme les ordres d'unités, dans la numération.

Ainsi **10** *centilitres* font **1** *décilitre.*

10 *décilitres* font **1** *litre.*

10 *litres* font **1** *décalitre.*

10 *décalitres* font **1** *hectolitre.*

REMARQUE. — Lorsqu'un nombre exprime des *litres*, les chiffres à *gauche* des unités expriment des *multiples* du litre, et les chiffres à *droite* de la virgule représentent des *sous-multiples.*

Multiples			Sous-multiples	
4	6	5 ,	7	5
hectol⁰ˢ	décal⁰ˢ	litres	décil⁰ˢ	centil⁰ˢ

§ 197. — **Changement d'unité.** — Quand un

nombre exprime des unités de capacité, on peut changer
d'unité par le déplacement de la virgule.

EXEMPLE. — Soit à exprimer en hectolitres la contenance d'un
tonneau de 234 litres. Les hectolitres étant des centaines de litres,
il suffit de placer la virgule à droite du chiffre des centaines.
On obtient : $2^{hl},34$.

§ 198. — **Mesures effectives de capacité.** —

On appelle mesures **effectives** de capacité celles qui sont
représentées par des vases en bois ou en métal.

La loi a déterminé la grandeur et la forme de ces mesures.

Leur forme est indiquée par les figures 5, 6, 7 et 8; c'est
celle d'un cylindre.

§ 199. — LES DOUBLES ET LES MOITIÉS DES MULTIPLES

DÉCIMAUX. — Les multiples et les sous-multiples décimaux
du litre ne sont pas les seules mesures usitées ; la loi au-
torise à employer les *doubles* et les *moitiés* des *multiples* et
des *sous-multiples décimaux*.

§ 200. — MESURES EN BOIS. — Les mesures en bois

servent à mesurer les grains, les substances en poudre, et,
en général, les matières sèches qui prennent la forme des
vases qui les contiennent, comme le blé, l'avoine.

Ces mesures sont aussi hautes que larges. (Fig. 5.)

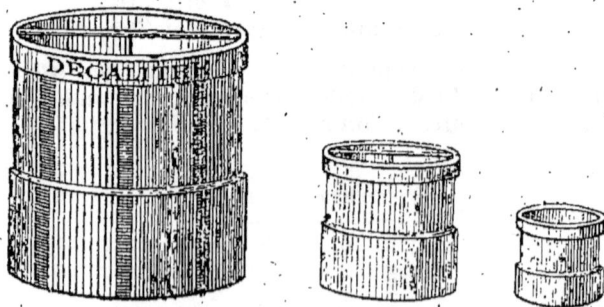

Fig. 5. — Mesures en bois.

§ **201.** — MESURES EN ÉTAIN. — Les mesures en étain sont usitées pour mesurer le vin et les liqueurs. Leur hauteur est le double de leur largeur. (Fig. 6.)

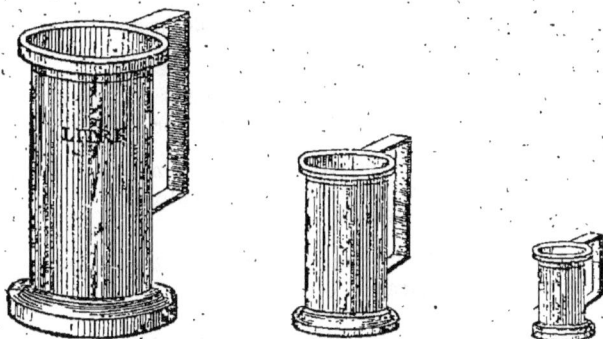

Fig. 6. —Mesures en étain pour le vin.

§ **202.** — MESURES EN FER-BLANC. — Les mesures en fer-blanc servent à mesurer l'huile et le lait. Leur hauteur est égale à leur largeur. (Fig. 7 et 8)

Fig. 7.—Mesures en fer-blanc   Fig. 8.— Mesures en fer-blanc
pour le lait.   pour l'huile.

Exercices oraux.

Ex. 515. — Quelle est l'unité principale de capacité ?
Que mesure-t-on avec le litre ?

Ex. 516. — Nommez les multiples décimaux du litre en indiquant leur valeur en litres.

Ex. 517. — Nommez les sous-multiples décimaux du litre en indiquant quelle partie du litre chacun représente.

Ex. 518. — Combien de fois les unités décimales de capacité sont-elles plus grandes les unes que les autres, en allant des plus petites aux plus grandes ?

Ex. 519. — Montrez qu'elles sont de *dix* en *dix* fois plus grandes en les comparant deux à deux.

Ex. 520. — En quoi sont faites les mesures dont on se sert pour les grains et les farines? — Pour mesurer le vin au détail? — Pour mesurer le lait?

Exercices au tableau.

Ex. 521. — Convertissez en **hectolitres** les quantités exprimées par les nombres suivants :

842 litres — 54 décalitres — 78 litres — 8ˡ,2.

Ex. 522. — Convertissez en **litres** les quantités exprimées par les nombres suivants :

72 hectolitres, — 95 décalitres, — 6.583 décilitres, — 6ᵐ.

Ex. 523. — Écrivez en chiffre les nombres suivants, en prenant pour unité le **litre** :

Cent vingt-trois *litres*, trente-deux *centilitres*. . . 123ˡ,32
Quatre-vingts *litres*, cinq *centilitres*. 80ˡ,05
Huit *hectolitres*, trois *litres*, douze *centilitres* . . . 803ˡ,12

Ex. 524. — Écrivez les nombres suivants, en prenant pour unité l'**hectolitre** :

Vingt *hectolitres*, soixante-trois *litres*. 20ʰ,63
Deux cent quatre *hectolitres*, cinq *litres*.. . . . . 204ʰ,05
Sept *hectolitres*, deux *décalitres*, huit *litres*. . . . 7ʰ,28

LES POIDS

§ **203.** — Pour peser, on se sert de balances et de poids.
Les balances les plus employées sont la balance ordinaire
et la balance Roberval.

Balance ordinaire.

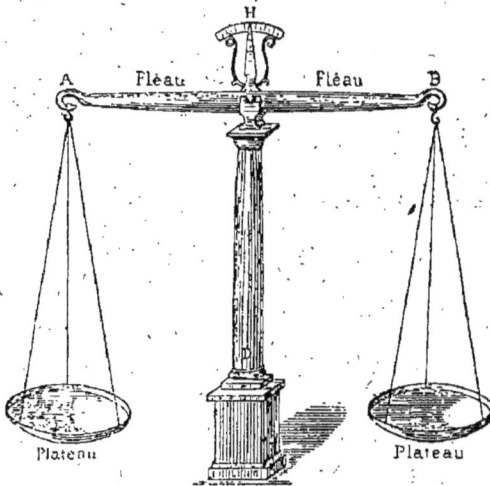

Fig. 9. Balance ordinaire.

§ **204.** — La balance ordinaire se compose d'une barre
de fer appelée *fléau*, A B (fig. 9). Le fléau peut se mou-
voir, se balancer autour de son *point d'appui*. Il est sup-
porté par une colonne D H, sur laquelle il s'appuie au
moyen d'une tige qui le traverse au milieu.

Les deux moitiés de cette barre de fer, sont les *bras du
fléau*.

Aux extrémités du fléau sont suspendus, par des chaînes
ou des cordes, deux *plateaux* en cuivre ou en fer étamé.

8.

§ 205. — Si l'on met deux poids égaux dans les plateaux, le fléau se balance un instant (on dit qu'il *oscille* :
ses balancements s'appellent des oscillations), puis il s'arrête
peu à peu et demeure *horizontal;* mais, si les poids ne sont
pas égaux, le fléau s'incline du côté du poids le plus
fort.

§ 206. — On est sûr que le fléau est bien horizontal
lorsque l'aiguille qu'il porte s'arrête en face du zéro d'un
petit arc placé au-dessus ou au-dessous du fléau. On dit
alors que la balance est *en équilibre.*

Balance de Roberval.

Fig. 10. Balance de Roberval.

§ 207. — Dans le commerce, on se sert beaucoup d'une
balance dont les plateaux, au lieu d'être suspendus au-
dessous du fléau, sont placés au-dessus (fig. 10).

Cette balance est commode, parce que les plateaux ne
sont pas gênés par des chaînes de suspension.

On l'appelle balance de **Roberval**, du nom de son
inventeur.

Les poids.

§ 208. — **L'unité principale des poids est le gramme.**

§ 209. — Le poids du gramme est égal à celui d'un *millilitre* d'eau pure.

§ 210. — Le gramme a des *multiples* et des *sous-multiples décimaux*, comme le mètre et le litre.

			Signes abréviatifs.		
MULTIPLES DU GRAMME	Le myriagramme	(Mg)	10 000	grammes
	Le kilogramme	(Kg)	1 000	grammes
	L'hectogramme	(Hg)	100	grammes
	Le décagramme	(Dg)	10	grammes
UNITÉ PRINCIPALE	Le **gramme**	(g)	1	gramme
SOUS-MULTIPLES DU GRAMME	Le décigramme	(dg)	0,1	de gramme
	Le centigramme	(cg)	0,01	de gramme
	Le milligramme	(mg)	0,001	de gramme

(qui vaut)

§ 211. — **Grandeur relative des unités de poids.** — Ces poids sont de **10** en **10** fois plus grands en allant des plus petits aux plus grands, comme les ordres d'unités, dans la numération.

Ainsi : **10** *milligrammes* font **1** *centigramme.*
10 *centigrammes* font **1** *décigramme.*
10 *décigrammes* font **1** *gramme.*
10 *grammes* font **1** *décagramme.*
10 *décagrammes* font **1** *hectogramme.*
10 *hectogrammes* font **1** *kilogramme.*
10 *kilogrammes* font **1** *myriagramme.*

REMARQUE. — Lorsqu'un nombre exprime des *grammes*, les chiffres à *gauche* des unités expriment des *multiples* du gramme et les chiffres à *droite* de la virgule représentent des *sous-multiples.*

Multiples						Sous-multiples		
6	4	2	7	8	,	3	5	9
myriagrammes	kilogrammes	hectogrammes	décagrammes	grammes		décigrammes	centigrammes	milligrammes

§ 212. — Changement d'unité. — Quand un nombre exprime des unités de poids, on peut changer d'unité par le déplacement de la virgule.

EXEMPLE. — Soit à exprimer en kilogrammes le poids 5.742^g. Les kilogrammes étant des milliers de grammes, il suffit de porter la virgule à droite des unités de mille. On obtient $5^{kg},742$.

§ 213. — Poids effectifs. — Les poids sont en fonte de fer, en laiton (alliage de cuivre et de zinc, appelé vulgairement cuivre jaune) et en argent.

§ 214. — FORME ET USAGE DES POIDS. — Les poids effectifs ont plusieurs formes.

Fig. 11. Poids en fonte de fer.

Les **poids en fonte de fer** (fig. 11) ont une forme appelée *pyramide tronquée*.
On les emploie pour les grandes pesées.

Les poids en **laiton** (1) ou **cuivre jaune** ont le plus souvent la forme d'un cylindre surmonté d'un bouton. (Fig. 12.)

§ 215. — Avec les poids en laiton, on fait quelquefois de grandes pesées, mais, le plus souvent, des pesées moyennes et des petites. On les emploie généralement pour des marchandises plus ou moins chères, comme les *bonbons*, le *tabac*, etc.

Fig. 12. Poids cylindriques en laiton.

§ 216. — Les sous-multiples du gramme sont en argent ou en laiton; ils ont la forme de *petites plaques* ou *lames*. (Fig. 13.) Ils ne sont employés que pour faire de très petites pesées. Les pharmaciens s'en servent pour peser des médicaments qu'on ne prend qu'en très petites quantités.

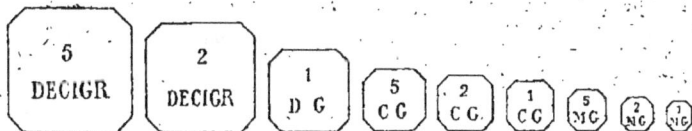

Fig. 13. Poids en lames.

(1) Le laiton, vulgairement appelé cuivre jaune, est un alliage de cuivre et de zinc.

REMARQUE I. — Le *kilogramme* et le *gramme* sont les poids les plus employés comme unités. On dit : *45 kilogrammes* de farine, *8 grammes* de tabac. Mais le petit commerce emploie souvent, comme unité, le *demi-kilogramme*, sous le nom de *livre*. On dit : *4 livres* de cerises, pour *2 kilogrammes* de cerises.

REMARQUE II. — *Un litre* d'eau pèse *un kilogramme.* Le nombre qui exprime, en *litres*, une certaine quantité d'eau, est le même qui exprime, en *kilogrammes*, le poids de cette eau.

EXEMPLES. — 35 litres d'eau pèsent 35 kilogrammes.
$5^l,25$ — $5^{kg},25$.

Exercices oraux.

Ex. 525. — Avec quoi *pèse-t-on* les objets ?

Ex. 526. — Quand on met des *poids égaux* dans les deux plateaux, la balance penche-t-elle plus d'un côté que de l'autre ?

Ex. 527. — De quel côté penche la balance, lorsqu'on met des *poids inégaux* dans les plateaux ?

Ex. 528. — Quelle est l'*unité principale* des poids ?

Ex. 529. — Nommez les *multiples décimaux* du gramme, en indiquant leur valeur en grammes.

Ex. 530. — Nommez les *sous-multiples décimaux*, en indiquant quelle partie du gramme chacun représente ?

Ex. 531. — Combien de fois ces unités sont-elles plus grandes les unes que les autres, en allant des plus petites aux plus grandes ?

Ex. 532. — Montrez qu'elles sont de *10* en *10* fois plus grandes, en les comparant deux à deux.

Ex. 533. — Comment nomme-t-on un poids de *10 grammes ?* — de *1.000 grammes ?* — de *100 grammes ?* — de *10.000 grammes ?*

Ex. 534. — Comment nomme-t-on la *dixième* partie du gramme ? — la *centième* partie du gramme ? — la *millième* partie ?

Ex. 535. — Combien faut-il de *grammes* pour faire un *hecto-gramme ?* — un *décagramme ?* — un *kilogramme ?* — un *myria-gramme ?*

Ex. 536. — Quelle partie faut-il prendre du gramme pour avoir un *décigramme ?* — un *milligramme ?* — un *centigramme ?*

Ex. 537. — Quelle est la forme des poids en fer ?

Ex. 538. — Quelle forme ont les poids en cuivre ?

Ex. 539. — Combien pèse un litre d'eau ?

Exercices écrits.

Ex. 540. — Convertissez en *décagrammes* les poids suivants :

$48^g,5 - 67^g - 6^g - 0^g,5 - 52^{Hg},26 - 32^{Kg},724.$

Ex. 541. — Convertissez en *hectogrammes* les poids suivants :

$45^{Kg},36 - 53^{Kg} - 7^{Mg},38 - 548^{Dg} - - 437^g,8 - 39^g,5.$

Ex. 542. — Convertissez en *kilogrammes* les poids suivants :

$43^{Mg},52 - 35^{Mg} - 485^{Hg},3 - 75^{Mg} - 632^{Hg},5 - 5838^g - 4^g.$

Ex. 543. — Convertissez en *myriagrammes* les poids suivants :

$38^{Kg},4 - 654^{Kg} - 0^{Kg},85 - 3843^{Hg},5 - 732^{Mg} - 0^{Hg},25 - 8634^{Dg},5.$

Ex. 544. — Convertissez en *grammes* les poids suivants :

$782^{Dg},73 - 0^{Dg},75 - 28^{Mg},32 - 645^{Mg} - - 4^{Kg},628 - 31^{Kg}.$

MONNAIES

§ 217. — Les **monnaies** sont des pièces de *bronze*, *d'argent* ou *d'or* qui servent à apprécier la valeur des objets.

EXEMPLE. — Ce chapeau vaut 6 francs. Cela signifie que la valeur du chapeau est 6 fois celle de la pièce de monnaie qu'on appelle **franc.**

§ 218. — **Le franc est l'unité principale de valeur.**

§ 219. — Le **franc** est représenté par une pièce de monnaie pesant *5 grammes*, formée *d'argent* et d'une petite quantité de *cuivre.*

§ 220. — Les *multiples* du franc n'ont pas de noms particuliers. On dit : *dix* francs, *cent* francs.....

§ 221. — Mais il existe deux *sous-multiples* :

Le **décime**, qui est la *dixième partie du franc.*

Le **centime**, qui est la *centième partie du franc.*

§ 222. — REMARQUE. — Lorsqu'un nombre décimal exprime des francs, le *premier* chiffre à droite de la virgule représente des *décimes*, et le *second* représente des *centimes.*

EXEMPLE. — 6 fr., 2 5.

francs décimes centimes

§ 223. — En France, nous avons *trois* sortes de monnaies : la monnaie de *bronze*, la monnaie *d'argent* et la monnaie *d'or.*

Monnaies d'or	Monnaies d'argent		Monnaies de bronze	
VALEUR DES PIÈCES	VALEUR DES PIÈCES	POIDS DES PIÈCES	VALEUR DES PIÈCES	POIDS DES PIÈCES
100 francs	5 francs	25 grammes	10 centimes (le décime)	10 grammes
50 francs	2 francs	10 grammes	5 centimes (le sou)	5 grammes
20 francs	1 franc	5 grammes	2 centimes	2 grammes
10 francs	0 fr., 50	2 gr., 5	1 centime	1 gramme
5 francs	0 fr., 20	1 gramme		

La forme des pièces de monnaie est celle d'un cylindre plat. — (Figures 14, 15 et 16). Leur valeur est inscrite sur une des faces.

On se sert aussi, comme monnaie, des billets de banque. Les billets de banque sont en papier ; mais on peut les échanger contre de la monnaie d'or ou d'argent en les présentant à la Banque de France.

Les billets de banque sont de 1.000 francs, de 500 francs, de 100 francs et de 50 francs.

§ 224. — Les monnaies d'or et d'argent ne sont pas en or pur ni en argent pur : on y mêle une petite quantité de cuivre pour les rendre plus dures.

§ 225. — Ce mélange d'or et de cuivre, ou d'argent et de cuivre s'appelle *alliage*.

§ 226. — Le bronze des monnaies est formé de cuivre et d'une petite quantité d'étain et de zinc. C'est aussi un alliage. — Le bronze est plus dur que le cuivre.

9

§ 227. — On appelle vulgairement *sou* la pièce de 5 centimes.

§ 228. — REMARQUE. — Les pièces en bronze pèsent autant de grammes qu'elles valent de centimes.

EXEMPLE. — 1 centime pèse 1 gramme; 5 centimes pèsent 5 grammes. Une somme de 100 centimes, ou un franc, pèse 100 grammes.

Fig. 14. — Pièce de 20 francs en or.

Fig. 15. — Pièce de 5 francs en argent.

Fig. 16. — Pièce de 5 centimes en bronze.

Exercices oraux.

Ex. 545. — A quoi servent les *monnaies* ?

Ex. 546. — Quelle est l'*unité principale* des monnaies ?

Ex. 547. — Nommez les *sous-multiples* du franc en indiquant quelle partie en franc chacun représente.

Ex. 548. — Lorsqu'un nombre décimal exprime des *francs*, que représente le *premier* chiffre à *droite de la virgule* ? — le *second* ?

Ex. 549. — Combien y a-t-il de sortes de monnaies en France ?

Ex. 550. — Nommez les pièces de *bronze* en indiquant la *valeur* et le *poids* de chacune.

Ex. 551. — Nommez les pièces d'*argent* en indiquant la *valeur* et le *poids* de chacune.

Ex. 552. — Nommez les pièces d'*or*.

Ex. 553. — Pourquoi met-on du *cuivre* avec l'or et avec l'*argent* des monnaies ?

Ex. 554. — Comment appelle-t-on le métal formé d'*or* et de *cuivre*, ou d'*argent* et de *cuivre* ?

Ex. 555. — Quelle est la *forme* des monnaies ?

Exercices écrits et oraux

Ex. 556. — Combien faut-il de *francs* pour faire 200 centimes? — *800* centimes ? — 1.000 centimes ?

Ex. 557. — Combien faut-il de *centimes* pour faire 3 francs? — 5 fr. ? — 8 fr. ? — 10 fr. ?

Ex. 558. — Combien faut-il de *centimes* pour faire 1 décime ? — 3 décimes ? — 8 décimes ?

Ex. 559. — Convertissez en *francs* les sommes suivantes : 847 centimes — 9.242ᶜ — 5.000ᶜ — 375ᶜ — 45ᶜ — 8ᶜ.

Ex. 560. — Quel est le poids de 25 centimes en bronze ? — de 40 centimes ? — de 82 centimes ? — de 1 franc ? — de 1ᶠʳ.10 ? — de 1ᶠʳ,50 ? — de 1ᶠʳ,75 ?

CHAPITRE VI

FIGURES GÉOMÉTRIQUES LES PLUS ÉLÉMENTAIRES

§ 229. — **Ligne droite.** — Un fil très fin, bien tendu, représente une **ligne droite**.

EXEMPLE. — La ligne A B (fig. 1) est une ligne droite.

A ————————————————— B

Fig. 1. Ligne droite.

REMARQUE. — La ligne droite AB est la plus courte qu'on puisse tracer du point A au point B.

EXEMPLE. — Citez des exemples de lignes droites dans les objets de l'école, tels que les portes, les fenêtres, les tables, les livres. Dessinez des lignes droites de 3 centimètres, — de 5 centimètres.

§ 230. — **Ligne brisée.** — Une ligne formée de parties de lignes droites se nomme **ligne brisée**.

EXEMPLE. — La ligne CDE (fig. 2) est une ligne brisée.

Fig. 2. Ligne brisée.

§ 231. — **Ligne courbe.** — Une ligne dont aucune partie n'est droite, est appelée **ligne courbe**.

EXEMPLE. — La ligne GH (fig. 3) est une ligne courbe,

Fig. 3. Ligne courbe.

§ 232. — **Angle.** — La figure formée par *deux droites* partant d'un *même point* est un **angle**.

EXEMPLES. — Les figures 4, 5 et 6 sont des angles.

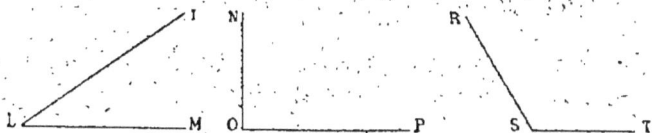

Fig. 4. Angle aigu.   Fig. 5. Angle droit.   Fig. 6. Angle obtus.

Les lignes droites qui forment un angle, se nomment *côtés* de l'angle; le point où les côtés se rencontrent, est le *sommet* de l'angle.

EXEMPLE. — Les droites LI et LM (fig. 4) sont les *côtés* de l'angle ILM. Le point L est le *sommet*.

§ 233. — On peut désigner un angle par une seule lettre : celle qui est placée au sommet.

EXEMPLE. — Dans les figures 4, 5 et 6, on peut dire : l'angle L, l'angle O, l'angle S.

Lorsque plusieurs angles ont leurs sommets au même point, on désigne chacun d'eux par trois lettres : une sur chaque côté et une autre au sommet.
Celle du sommet doit être énoncée entre les deux autres.

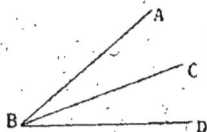

EXEMPLE. — La figure 7 renferme trois angles, qui ont leurs sommets au point B. Pour les désigner, on dira : l'angle ABC, l'angle CBD, l'angle ABD.

Fig. 7.

REMARQUE. — La grandeur d'un angle ne dépend pas de la longueur de ses côtés, mais de leur écartement.

EXEMPLE. — Les deux aiguilles d'une montre font un angle qui augmente à chaque instant quand elles s'éloignent l'une de l'autre, et qui diminue quand elles se rapprochent.
Cependant, les aiguilles ne changent pas de longueur.
Il en est de même des branches d'un compas.

§ 234. — Perpendiculaires. — Une ligne est perpendiculaire à une autre lorsqu'elle la rencontre en formant avec cette autre ligne **deux angles égaux.** (Fig. 8.)

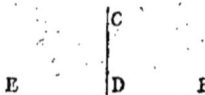

EXEMPLE. — CD est perpendiculaire sur EF, parce que les deux angles CDE et CDF sont égaux.

Fig. 8. Perpendiculaires.

REMARQUE. — On peut encore dire qu'une droite est perpendiculaire à une autre, lorsqu'elle la rencontre sans *pencher ni d'un côté ni de l'autre.*

§ 235. — Obliques. — Une droite est **oblique** à une autre, lorsqu'elle la rencontre en formant avec cette autre ligne **deux angles inégaux.**

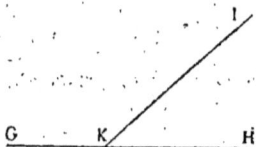

EXEMPLE. — La ligne IK (fig. 9) est oblique à GH.

Fig. 9. Obliques.

REMARQUE. — Une oblique *penche plus* d'un côté que de l'autre.

§ 236. — Trois sortes d'angles. — Un angle est **droit** lorsque ses deux côtés sont *perpendiculaires* l'un à l'autre, comme l'angle O, figure 5.

L'angle **aigu** est *plus petit* que l'angle *droit,* comme l'angle L, figure 4.

L'angle **obtus** est *plus grand* que l'angle *droit,* comme l'angle S, figure 6.

EXEMPLE. — Citez des exemples d'angles droits dans les objets de l'école, tels que les livres, les cahiers, les portes, etc.

§ 237. — Surface plane. — On appelle **surface plane** une surface bien unie, sur laquelle on peut appliquer une *règle* dans *tous les sens.*

EXEMPLE. — La surface d'une glace, celle d'un tableau sont des *surfaces planes.*

Citez des exemples de surfaces *planes.*

§ 238. — Ligne verticale. — La ligne formée par un *fil à plomb* est une ligne **verticale.**

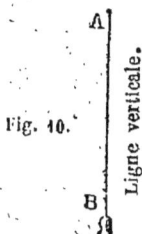

Fig. 10.

Les montants des portes et des fenêtres sont des lignes verticales.

Les maçons se servent journellement du *fil à plomb* pour s'assurer que les murs qu'ils construisent sont verticaux.

Citez des exemples de lignes verticales.

§ 239. — Surface horizontale. — La surface de l'eau tranquille est une **surface horizontale.**

La surface du plancher de l'école, celle du plafond sont aussi des surfaces *horizontales.*

Citez d'autres exemples de surfaces *horizontales.*

§ 240. — Ligne horizontale. — Toute *ligne* tracée sur une *surface horizontale* est une **ligne horizontale.**

EXEMPLES. — Les lignes du plafond, celles du plancher ou du carrelage de l'école sont des lignes horizontales.

Citez-en d'autres dans les portes, les fenêtres, les bancs.

REMARQUE. — Une ligne *verticale* est *perpendiculaire* à toute ligne *horizontale* qu'elle rencontre.

Citez des exemples de *verticales* rencontrant des *horizontales* dans les objets de la salle de classe.

§ 241. — Parallèles.

— Lorsque des lignes, *tracées sur la même surface plane*, ne peuvent se *rencontrer* à quelque distance qu'on les prolonge, elles sont **parallèles.**

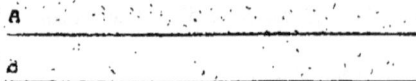

A

a

Fig. 11. Pa allèles droites.

EXEMPLES. — A et B (fig. 11) sont des parallèles droites.

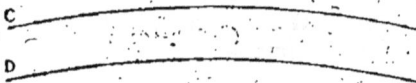

C

D

Fig. 12. Parallèles courbes.

C et D (fig. 12) sont des parallèles courbes.

REMARQUE. — Deux parallèles sont partout à égale distance l'une de l'autre.

Citez des exemples de parallèles droites horizontales.

— de parallèles droites verticales.

— de parallèles courbes.

§ 242. — Polygones.

— Un **polygone** est une *surface plane*, limitée de tous côtés par des *lignes droites*.

Les *triangles*, les *carrés* sont des *polygones*.

§ 243. — Triangles.

— Un *polygone* de **trois côtés** se nomme **triangle.**

On appelle **base** d'un triangle un côté quelconque; mais on choisit de préférence celui sur lequel le triangle semble reposer, le côté horizontal par exemple.

Le *sommet* de l'angle opposé à la base est le **sommet** du triangle.

La perpendiculaire abaissée du sommet d'un triangle sur la base est la **hauteur** du triangle.

Il y a plusieurs sortes de triangles.

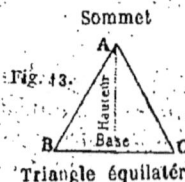

Sommet

A

Fig. 13.

Hauteur

B Base C

Triangle équilatéral.

§ 244.

— Le triangle **équilatéral** a les trois côtés égaux. (Fig. 13.)

Sommet

Fig. 14.

Triangle isocèle.

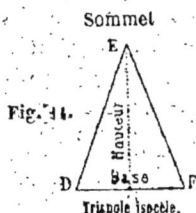

§ 245. — Le triangle **isocèle** a deux côtés égaux. (Fig. 14.)

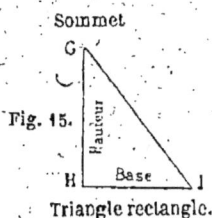

Sommet

Fig. 15.

Triangle rectangle.

§ 246. — Le triangle **rectangle** a un angle droit. (Fig. 15.)

§ 247. — **Quadrilatères.** — Les polygones de **quatre côtés** sont appelés quadrilatères.

Il y a plusieurs sortes de **quadrilatères.**

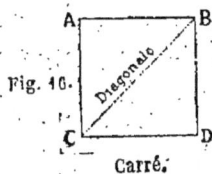

Fig. 16.

Carré.

§ 248. — Le **carré** est un quadrilatère dont les *angles* sont *droits* et les *côtés égaux.* (Fig. 16.)

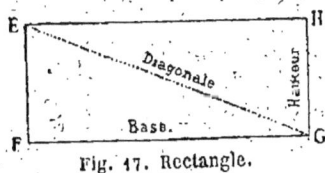

Fig. 17. Rectangle.

§ 249. — Le **rectangle** est un quadrilatère qui a les *angles droits,* et les côtés opposés *égaux* et *parallèles.* (Fig. 17.)

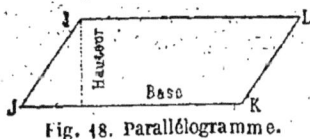

Fig. 18. Parallélogramme.

§ 250. — Le **parallélogramme** est un quadrilatère dont les côtés opposés sont *parallèles.* (Fig. 18.)

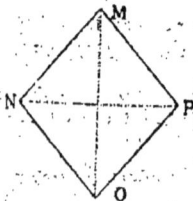

Fig. 19. Losange.

§ 251. — Le **losange** est un *parallélogramme* dont les *quatre côtés* sont *égaux*. (Fig. 19.)

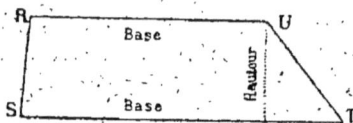

Fig. 20. Trapèze.

§ 252. — Le **trapèze** est un quadrilatère dont *deux côtés* seulement sont *parallèles*. (Fig. 20.)

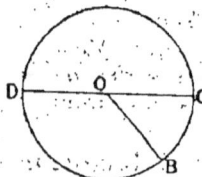

Fig. 21. Circonférence.

§ 253. — La **circonférence** est une ligne courbe dont tous les points sont à égale distance d'un point intérieur appelé **centre**. (Fig. 21.)

Le point O est le centre.

§ 254. — Le **rayon** est une ligne droite qui joint le *centre* à *un point* quelconque de la *circonférence*.

La ligne OB est un rayon.

§ 255. — Le **diamètre** est une ligne droite, telle que DOC (fig. 21), qui unit *deux points* de la *circonférence* en passant par le *centre*.

REMARQUE. — Le diamètre est le double du rayon.

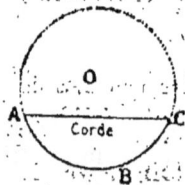

Fig. 22. Arc.

§ 256. — Une partie quelconque de la circonférence, telle que ABC (fig. 22), se nomme **arc**.

§ 257. — La ligne droite AC, qui joint les deux extrémités de l'arc, s'appelle **corde**.

Fig. 23. Cercle.

§ 258. — Le **cercle** est une *surface plane* limitée par une *circonférence*. (Fig. 23.)

Les roues d'une voiture sont des circonférences.

La face d'une pièce de monnaie (le *disque*) est un cercle.

§ 259. — **Idée des trois dimensions.** — Que mesure-t-on dans une *ligne* pour en connaître la dimension? — On mesure la *longueur*.

Une **ligne** *n'a qu'une seule dimension* : la **longueur**.

§ 260. — Pour connaître la dimension d'une *surface*, la *longueur* ne suffit pas : il faut encore la *largeur*. Ainsi en disant : ce jardin a 35 mètres de long, sans parler de la *largeur*, on ne fait pas connaître la grandeur du jardin.

Une **surface plane** *a* **deux** *dimensions* : la **longueur** et la **largeur**.

§ 261. — Mais la *longueur* et la *largeur* ne suffiraient pas pour faire connaître la *grosseur* d'une poutre : il faut encore l'*épaisseur*.

La **grosseur** d'une poutre s'appelle le **volume** de la poutre.

§ 262. — Tout ce qui a *longueur*, *largeur* et *épaisseur*, se nomme **solide**.

EXEMPLE. — Une poutre, un morceau de craie, un bloc de marbre.

Les **solides** ont **trois** *dimensions* : la **longueur**, la **largeur** et l'**épaisseur**.

§ 263. — Notions sur les solides. — Les *solides* dont les faces latérales (les faces formant les côtés) sont des *parallélogrammes* ou des *rectangles* sont appelés **prismes**. Les polygones des extrémités sont les bases du prisme. (Fig. 24, 25 et 26.)

EXEMPLE. — Une *règle* (1) est un prisme à quatre côtés. Si on la fend par deux arêtes opposées, on obtient deux prismes à trois côtés.

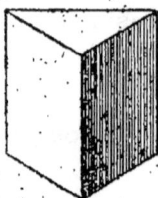

Fig. 24. Prisme de 3 côtés.   Fig. 25. Prisme de 4 côtés.   Fig. 26. Prisme de 5 côtés.

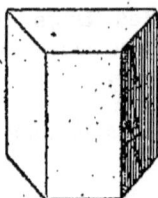

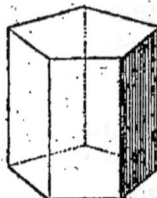

§ 264. — Un *solide* qui a *six faces carrées*, est un **cube**. (Fig. 27.)

EXEMPLE. — Un dé à jouer est un cube.

§ 265. — Un *tuyau* de poêle, un *rouleau* de papier, une *pièce de monnaie*, une *bougie*, sont des **cylindres**. (Fig. 28.)

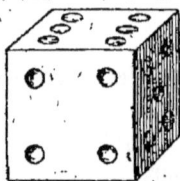

Fig. 27. Cube.   Fig. 28. Cylindre.

§ 266. — Un *cornet* de papier, un *entonnoir*, un *pain de sucre*, sont des **cônes**. (Fig. 29.)

---

(1) Nous verrons plus tard que la règle ordinaire est un prisme particulier appelé *parallélépipède*.

§ 267. — Un *solide*, dont la *base* est un *polygone* et les faces des *triangles* ayant leur sommet au *même point*, est une **pyramide.** (Fig. 30.)

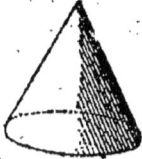

Fig. 29. Cône.

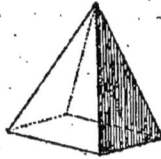

Fig. 30. Pyramide

§ 268. — Une *bille*, une *orange*, un *globe* représentant la terre, sont des **sphères.** (Fig. 31.)

Citez, parmi les objets que vous connaissez, des prismes, des cubes, des cylindres, des cônes, des pyramides et des sphères.

Fig 31. Sphère.

TABLE DES MATIÈRES [1]

—~⚹⚹~—

(1) Les exercices sont toujours placés à la suite de la théorie *et, autant que possible,* en regard.

PARIS. — IMPRIMERIE CRAIX.

180

www.ingramcontent.com/pod-product-compliance
Lightning Source LLC
Chambersburg PA
CBHW052057090426
42739CB00010B/2221